Best Presentation Tips and Techniques

堀江貴文のゼロをイチにする すごいプレゼン

堀江貴文

宝島社

プレゼンを成功させることは
ゴールではなく、スタートライン

プレゼンはゼロをイチに変える原動力

相手に伝わらなければ
何も始まらない。
プレゼンとは「伝える力」であり
ゼロをイチにする力である

プレゼンは日常生活の一部

「プレゼン」と聞くと、堅苦しいイメージを抱いてしまう人は多いと思う。

たとえば、かの有名なスティーブ・ジョブズのように、自信たっぷりに聴衆の前に立ち、クールなボディランゲージを交えて「仕事がデキる感」のあふれるトークをする——。

もちろん、それもプレゼンの一つのあり方だ。しかし、もう少し肩の力を抜いて視点を変えてみよう。プレゼンはそもそも、情報伝達手段の一つにすぎないのだ。

言ってみれば、自己紹介だってプレゼンだし、好きな人に告白することだって立派なプレゼンだ。

相手に思いを伝え、理解を得る。納得を得る。アクションによって願いが叶ったのであれば、ジョブズと同様、あなたはすでに優秀なプレゼンターなのだ。

つまり、プレゼンは日常生活の一部だともいえる。

「駄々っ子」は優秀なプレゼンター

スーパーマーケットのお菓子売り場の床にひっくり返り、大声で泣き叫んで親を困らせている子どもの姿を見たことがないという人は少ないと思う。

実は、駄々っ子というのは優秀なプレゼンターだ。彼らに共通するのは、「～をしてほしい」という強い要求があること。

もう少し掘り下げてみると、駄々っ子の多くが意図的にやっているのは「親を困らせる行為」。相手が根負けし、要求を聞き入れてくれることを期待して、駆け引きをしている。

子どもが成長するにつれて「おねだり」の方法はより実践的なものにブラッシュアップされていく。たとえばターゲティング（自分に甘い祖父母にお願いする）、タイミング（相手の機嫌のいいときを見計らってお願いする）、メリット提示（このおもちゃは勉強の役に立つよ！　とアピールする）などだ。

「目的」はストレートに伝えよう

子どもは単純なので「こんなことしたら、バカだと思われちゃうかな」なんてウジウジ考える前に、はっきりと要求を提示し、さっさと行動してしまうところがすごくいい。

僕は今までおびただしい数のプレゼンを見てきているし、メルマガの質問コーナーに毎週寄せられる質問、ツイッターのリプなどをチェックしまくっているが、「この人は、いったい何がしたいの?」と、思わず目が点になってしまうことも少なくない。

「～したい」はすべてプレゼンだ

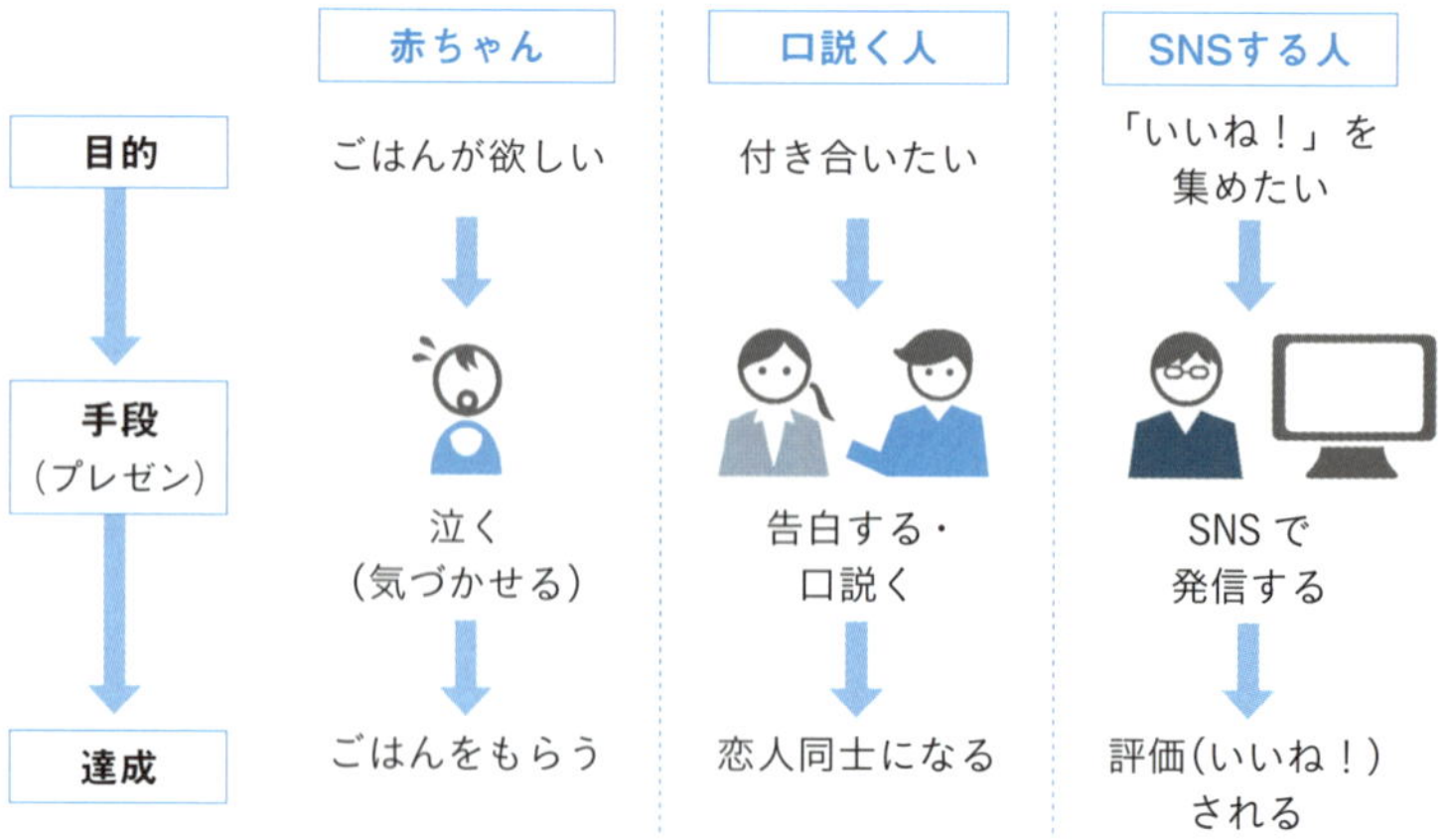

目的→達成までの手段はすべてプレゼンである

「ダメプレゼン」には一定の法則があった！

SNSの投稿だって同じだ。みんなからのリアクションが欲しくて記事や写真をアップしているのに、いまいち反応が薄い、スルーされがちだと悩んでいる人がいたら、少し立ち止まって考えてみてほしい。「自分は誰に、何を伝えたいのか？」と。

僕のオンラインサロン、HIU（堀江貴文イノベーション大学校）のイベントで披露されるプレゼンでもそういうことが多々ある。「何を伝えたいのか」「何が欲しいのか」。そんな、1秒あれば伝えられるようなことをうまく表現できない人たちは、意外にもたくさんいるのだということに気づかされたのだ。

プレゼンは結果が100パーセント。どんなに下手なプレゼンであろうと、相手に気持ちが伝わり、理解してもらえて、最終的に「イエス」を引き出せるのなら大成功だ。プレゼンのやり方に正解なんてないし、「とりあえずやってみなよ」というのが僕の持論だが、「ダメプレゼン」には一定の法則があることもわかってきた。

プレゼンはゼロをイチに変える

本書は、僕の書籍にしては珍しく「HOW TO?」を詰め込んだ実用書である。

第1章と第2章では心構えや準備について紹介したので、初心者はぜひ初めから読んでほしい。第3章と第4章はより実践的な内容なので、大事なプレゼンを直前に控えている人は、ここから読み始めてもいいだろう。

プレゼンとはなんなのか？　それは相手に「伝える力」だと僕は思う。思いが伝わらなければ何も始まらない。だからこそ、プレゼンはゼロをイチに変える原動力になるのだ。

魅力がなければビジネスにはならない

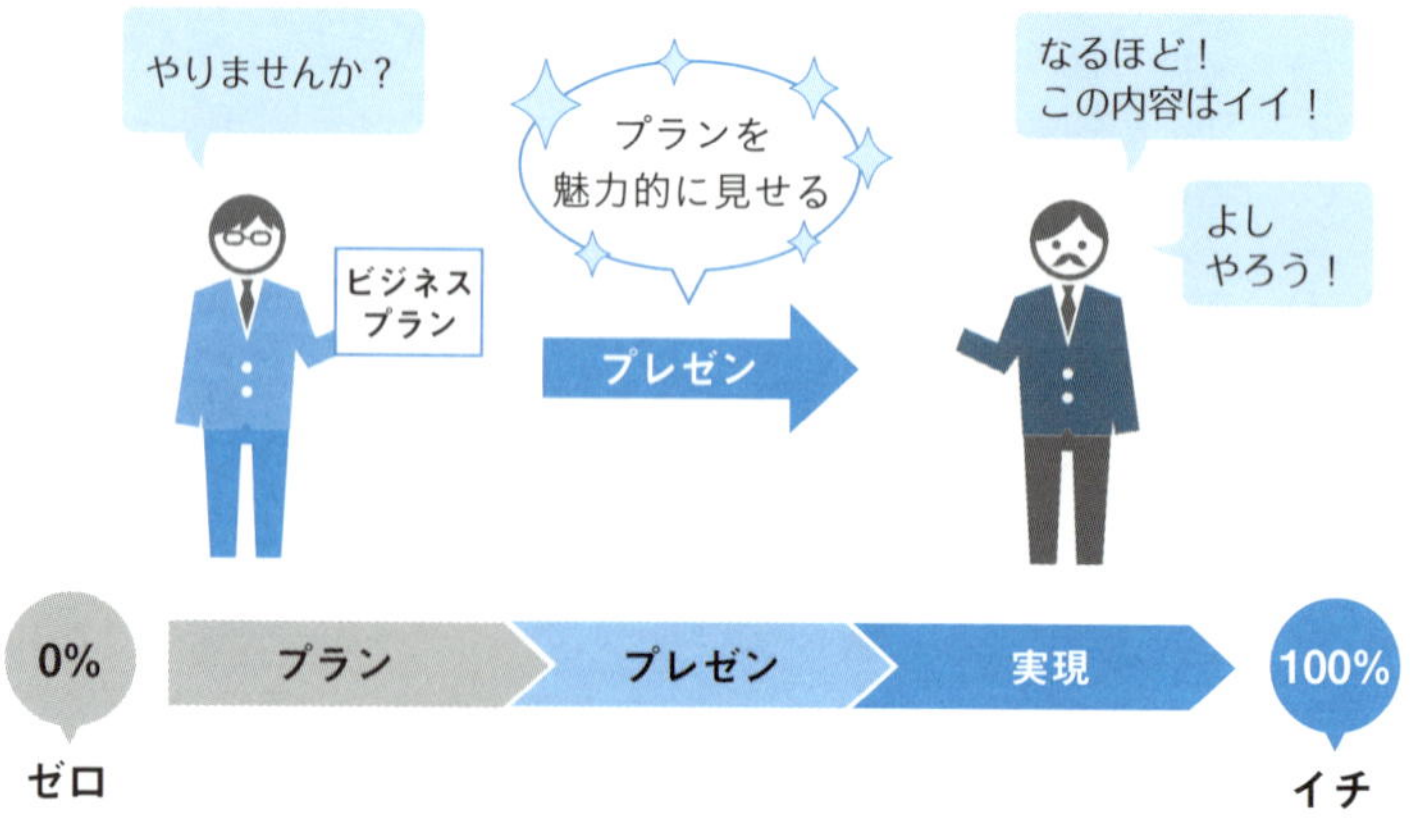

行動して初めて、プランはビジネスになる！

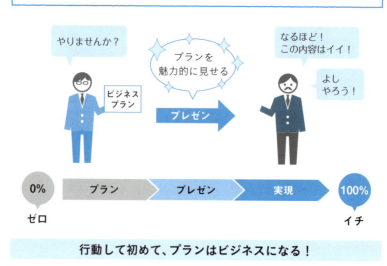

これだけは押さえておこう！

プレゼン直前チェックリスト

プレゼン前夜でも、まだ遅くない！　最重要ポイントだけを押さえたので、ぜひチェックを入れてみてもらいたい。思わぬ「抜け」が見つかるかもしれない

心得編

- □ プレゼンで「ゲットしたいもの」を明確にできているか ▶P.18
- □ 相手にメリットを提示できているか ▶P.28

準備編

- □ プレゼンの「売り」を絞り込めているか ▶P.40
- □ ターゲット設定・事前リサーチ（市場規模含む）はできているか ▶P.42
- □ 「導入」「本題」「まとめ」などのメリハリがついたわかりやすい構成になっているか ▶P.56
- □ 相手の共感を得られる内容になっているか ▶P.58

スライド編

- □ 読みやすい書体を使っているか ▶P.82
- □ 表示するスクリーンに適したスライドサイズか ▶P.86
- □ 写真やイラストは適切か ▶P.88
- □ 枚数と情報量が絞り込まれた、シンプルなスライドになっているか ▶P.92

実践編

- □ 相手を「巻き込む」工夫をしているか ▶P.120
- □ 与えられた時間内にプレゼン完了をできるか ▶P.124

堀江貴文のゼロをイチにするすごいプレゼン　目次

第2章
準備編
「プレゼン」構成を考える

第3章

スライド編

パワポなんか使うな

第4章

実践編

聴衆の心をガッチリつかめ

Column

巻末特典

第1章

心得編

なんのために プレゼンするのか？

第1章

プレゼンする目的をはっきりさせる

で、そのプレゼンで何をゲットしたいの？

どうすればいい？

- プレゼンは手段と心得る
- 聴衆の立場になって考える
- 相手からの信用を得る

目的がはっきりしないプレゼンに意味はない

「ダメダメなプレゼン」には驚くほど、共通項が多い。

代表的なのは、データや装飾をここぞとばかりに盛りまくったスライド。時間をかけて準備したのだろうが、情報量が多すぎて何がポイントなのか全然わからない。威勢はいいがトークが支離滅裂で「で、結局は何が言いたいの？」と、思わず突っ込みたくなってしまうようなプレゼンも多い。プレゼンターには悪いが、こんな発表に遭遇したら僕はスマホをいじり始めるだろう。

プレゼンでは、「あなたが伝えたいこと」、そして「あなたがゲットしたいもの」が何であるのかを明確にしよう。「商品を買ってほしい」のか、「投資してほしい」のか、それとも「ビジネスパートナーになってほしい」のか――。ゴールを即答できないようなら、プレゼンなんてやる意味がない。

第1章

01

プレゼンは目的ではなく「手段」

いいプレゼンをすることは
ゴールではなくスタート。
「想い」を伝え、相手を動かそう

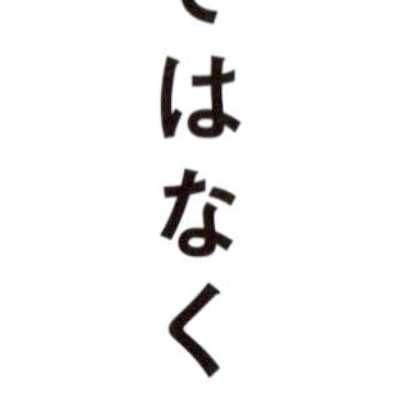

プレゼンはあくまで「手段」

「プレゼンすること」そのものが目的になっていないだろうか？

きれいなスライド、なめらかなトーク。聴衆からの反応が上々だったとしても、それで満足してはいけない。「あなたがゲットしたいもの」を最終的にゲットできなかったとしたら、そのプレゼンは失敗だ。

なぜなら、プレゼンは手段であり、目的ではないからだ。結果を得られなかったのだとしたら、そのプレゼンは手段としての役目を果たさなかったということになる。

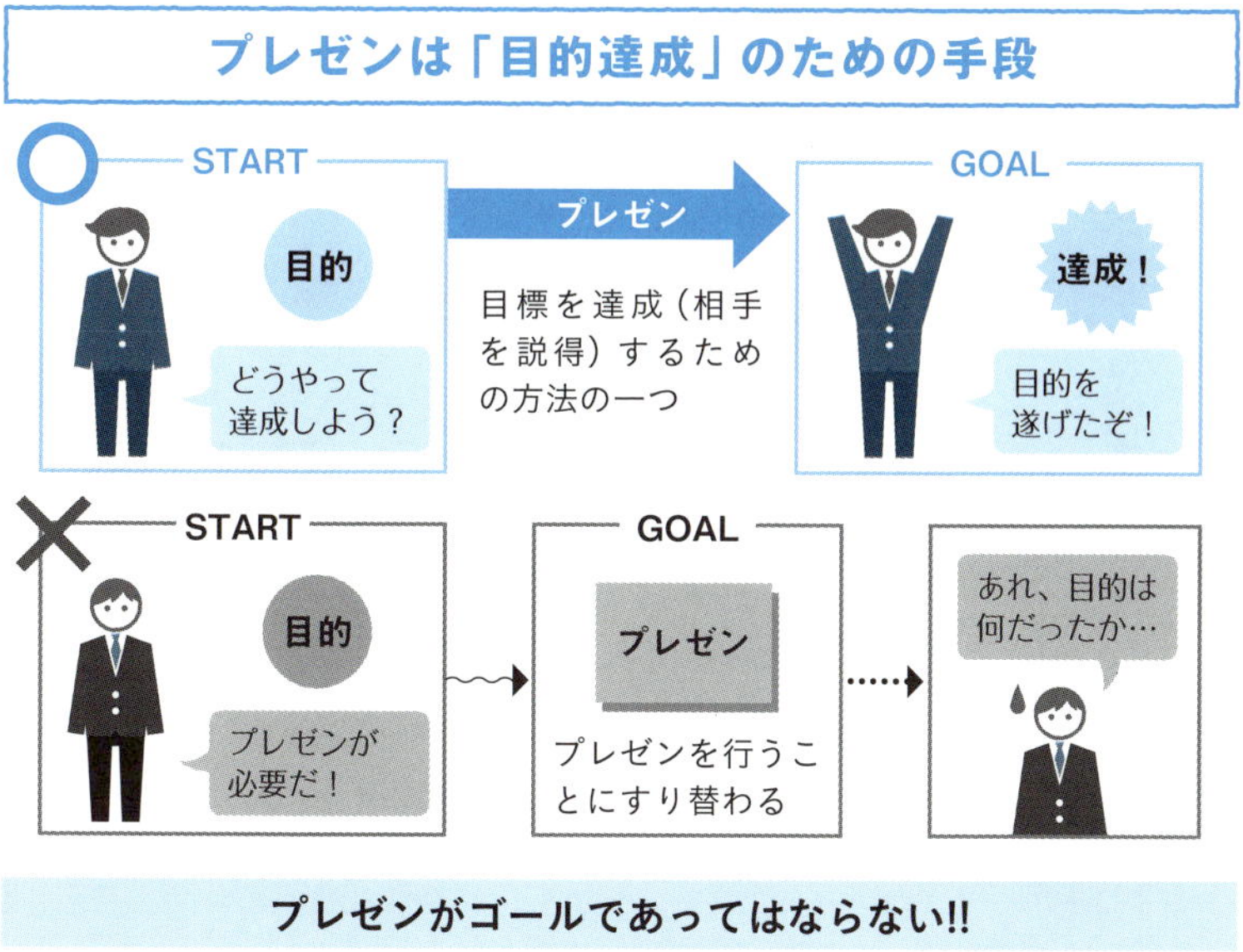

「ゲットしたいもの」はできるだけ具体的に

「私の夢はみんなが笑顔になれる場所をつくること」など、具体性のない「ふわっとしたこと」を言う人は多い。正直なところ、こういう発言を聞くと興ざめしてしまう。そんなことを言っている人に限って、何一つカタチにすることなどできやしないのだ。「なんでもいいからやりたいことを企画して、すぐ行動してみなよ」と言いたくなる。

抽象度の高い目標を掲げる人は、失敗しても大丈夫なように自分に保険をかけている、つまり逃げ道をつくっているようにしか思えない。その反対に、「ゲットしたいもの」の具体性が上がれば上がるほど、言い訳ができなくなる。

すごくいいプレゼンを聞いたあと、僕は「スライドがよかった」「つかみが面白かった」なんてことはまず話さない。プレゼンの内容について具体的に質問するなど、議論を始める。これぞ、プレゼンが手段としての役目をまっとうしたケースといえる。

プレゼンは「相手に伝わってナンボ」

独りよがりのプレゼンは相手に伝わらない

プレゼンの成否はすぐにわかる

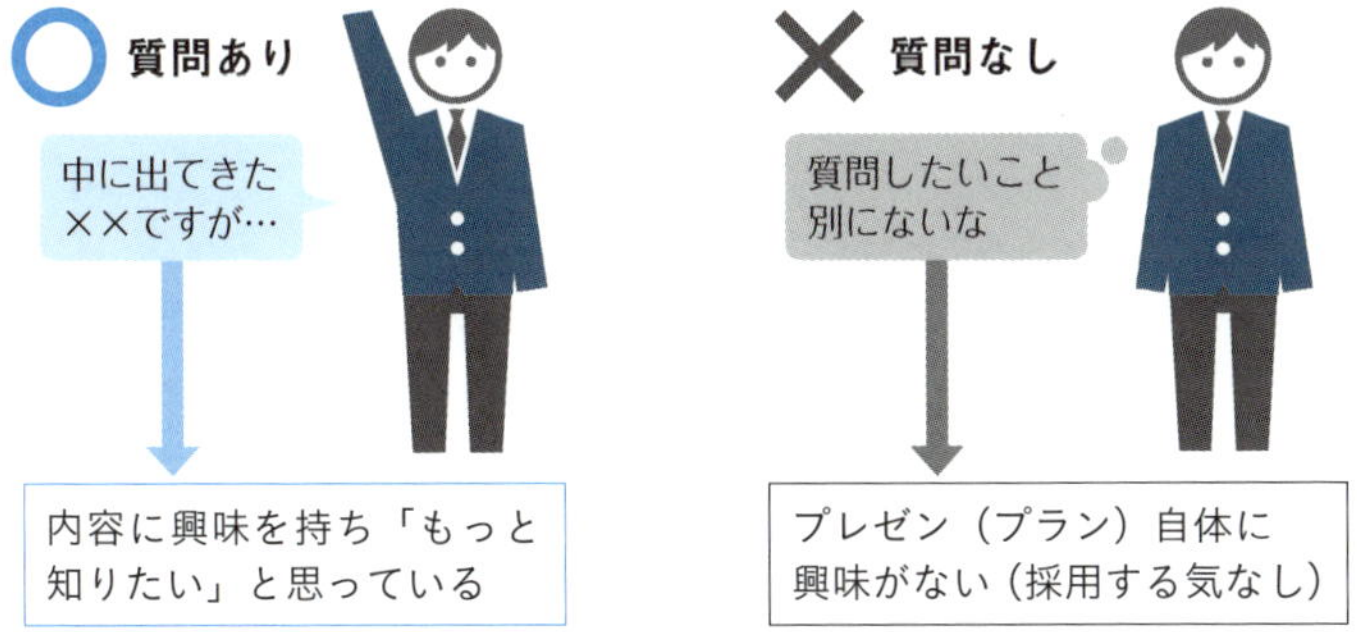

内容について質問が出ないのは失敗と思え

第1章

02

プレゼンは説明ではなく「ライブ」

なんで、わざわざ
プレゼンをするのか？
そのメリットを知り、利用すべし

プレゼンをするメリットを考えろ

ここでは、僕らが相手に対面してプレゼンをする意味について考えてみよう。「なんでメールじゃダメなの？」「なんでチャットじゃダメなの？」「ただ原稿を読むだけなら動画で十分じゃないか？」。

いつも忙しく動き回っている僕にとっては、プレゼンは非常に面倒くさいスタイルだ。第一に、時間と場所を決めて集合する必要があるので時間効率がものすごく悪い。電話でさえムダの塊だと思っている僕だが、プレゼンには「わざわざやる価値」を見出している。いったい、そのメリットとはなんなのか？

それは、相手と生のやりとりができること。対話のなかで新しいもの、思いもつかないような面白いものが生まれる可能性もある。また、メールやチャット、動画では伝えられない、感触やにおい、味などを利用してアピールできること。つまり、相手に「ライブ体験」をしてもらえるのだ。

対面でプレゼンをする理由とは

メール

文字で伝えられる内容を伝えたいだけなら十分

チャット

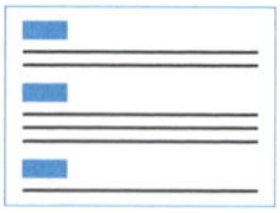

リアルタイムのやりとりをしたいだけなら十分

動画

動くビジュアル・音声を見せたい・聞かせたいだけなら十分

なぜ対面でプレゼンをするのか

理由1

生のやりとり

聴衆と対面してやりとりすることで新しい発見が生まれる

これは？
こうできる？
こんな方法も！

理由2

リアルな体験

サンプルに実際に触れてもらうなどして、より共感を得られる

サンプル
体験すると
よくわかる

視覚や聴覚以外の五感に訴えられるから

「ライブ体験」を利用しろ

「堀江貴文と藤田晋のビジネスジャッジ」というネット番組の企画がある。僕とサイバーエージェントの藤田さんの前で、プレゼンターがビジネスアイデアを発表し、ビジネス化の可能性についてジャッジを仰ぐというものだ。

そこで、リンゴのお酒（シードル）を事業化させるプロジェクトのプレゼンがあった。プレゼンターらは手際よく、その場でお酒をシャンパングラスに注ぎ試飲させてくれた。甘ったるくなくスッキリした後味で、僕も藤田さんもすっかり気に入ってしまった。

また、別の機会では「足湯協会」なるものを組織しているメンバーが、「足湯のよさを知ってもらいたいから」と、プレゼン会場に即席の足湯セットを持ち込み、リアルな体験をさせてくれたことがあった。実際に体験していなかったら、その魅力は数パーセントしか伝わらなかっただろう。せっかく対面でプレゼンする機会を得たのなら、目の前にいる人に、対面だからこそできることをやってみるべきだと思う。

第1章

03

プレゼンは常に聴衆のために

意識すべきは、聴衆ファースト。
1秒たりとも飽きさせない
「おもてなし精神」を持とう

聴衆にメリットを与え続けろ

登壇さえすれば最後まで話を聞いてもらえると思っていたら、大間違い。プレゼンは、たとえ自分の持ち時間が残っていたとしても、聴衆が興味を失った時点で終了したも同然である。「聞いてくれる相手（聴衆）」なくして、プレゼンは成り立たないからだ。

重要なのは、聞く価値のあるプレゼンなのかどうか。メリットがあるからこそ、相手に聞いてもらえるのだ。したがって、プレゼンターは聴衆に対して何かしら有用な情報を与え続けなければならない。相手を1秒たりとも飽きさせない工夫が必要だ。

あとでくわしく紹介するが、スライドづくりに余計な労力をかけたり、他人に興味を持ってもらえそうもない内容をマイペースに話し続けるなど、「独りよがりなプレゼン」はNGだ。プレゼンは常に聴衆のためにあることを意識しよう。

第1章

04

信頼関係があれば
プレゼンは必要なくなる

小手先のテクニックで得意になるな。
コミュニケーションで
信用を積み重ねることが大事

コミュニケーションで「信用」をゲットしろ

プレゼンの成功はテクニックに左右されるところも大きいが、けっしてテクニック偏重主義に陥らないでもらいたい。この点は、必ず心に留めておいてほしい。

ここで「信用」についての話をしたいと思う。

ある日、あなたが終電を逃し、財布までなくしてしまったとしよう。なんの前触れもなく連絡して「今夜、泊めてもらえない？」とお願いできる知人は何人いるだろうか？　快くOKをくれたり、車で迎えにきてくれる人がいたとしたら、それはあなたに信用があるからだ。信用は小手先のテクニックで得られるものではない。あなたの普段の言葉や態度などの積み重ねがあり、相手としっかりコミュニケーションがとれることによって成り立っている。

プレゼンはコミュニケーション手段の一つ。「どうやったら自分を知ってもらえるだろう？」「気持ちを伝えられるだろう？」。そんな意識を持つことが欠かせない。

長年の付き合いがあるビジネスパートナーがいたとしよう。彼らがどんな人たちで、どんな仕事ぶりを見せてくれるのか、いちいち説明してもらわなくてもわかっている。

新規事業でタッグを組むにしても、一緒に仕事をしてきたという信頼と実績があるから、必要最低限の情報やゴールを共有するだけで、意思疎通ができてしまったりする。

つまり、相手との間に信頼関係が成立すれば、プレゼンは必要なくなるのだ。

プレゼンが成功し「想い」をカタチにできたのなら、相手と真摯に向き合いさらなる信用を勝ちとろう。

信用を勝ちとるのもプレゼンの目的

自分の言葉で相手に熱意を伝えることが大事

プレゼン下手でも「応援したくなる」人がいる

先ほど、僕は「ダメダメなプレゼンはスルーしてしまう」と書いたが、厳密に言うと例外もある。プレゼンターのことを事前に知っているケースだ。

あるとき、お世辞にも上手とはいえないプレゼンをしたHIUメンバーがいた。フィットネスジムの事業化を呼びかける内容だったが、説明がグダグダで、プレゼンの目的が全然伝わってこない。でも僕は「そのトレーニング、今俺とやってみようぜ」と彼を誘い、おすすめだというトレーニングを壇上でやってみたのである。

助け舟を出した理由は二つあった。HIUメンバー間のスレッドで、僕は以前から彼が提案する事業内容を面白いと思っていた。そして、おそろしく説明が下手ではあったが、彼にはノリのよさと情熱、ガッツがあったので応援したくなったのだ。

あなたを知ってもらうことで、相手が味方になってくれる可能性は飛躍的にアップする。**些細なことでも構わないので、自分の存在をアピールできるチャンスがあったら見逃してはいけない**。最終的には信用にまでつなげられたらベストだ。

Column 01

「プレタツ」スクール発足の軌跡

HIU（堀江貴文イノベーション大学校）で発足した、究極の「プレゼン勉強会」。その発足の経緯に迫ろう！

STEP 1

「っていうか、みんなプレゼン下手だよね」

そんな僕の発言をきっかけに発足することになったのが、プレゼンテーション勉強会「プレゼンの達人（通称：プレタツ）」。2015 年の HIU 夏合宿で行われたビジネスプレゼン大会で、プレゼンの内容よりも「やり方そのもの」に対する「ダメ出し」が連発してしまったのだ。

このときの「惨敗」を受けて、プレゼンのスキルアップを目指すメンバーが自主的に集まり、勉強会を組織することになったのである。

▼

HIU イベントの限られた時間のなかでプレゼンター全員が発表できるよう、「１人３分間」という制限が設けられた。だいたいのことは３分あれば伝えられるのだ。

STEP 2

トライアンドエラーから「プレタツ」メソッドが誕生

勉強会を始めてみたはいいものの、最初は試行錯誤の連続だったらしい。次第に「原稿のダダ読み」「盛りすぎたスライド」「主張がピンぼけ」など、初心者が受ける「ダメ出し」の共通項が浮き彫りに。問題点がわかれば、あとは改善あるのみ。そのメソッドは洗練、蓄積されていった。

▼

現在、挨拶ベタな人や重要プレゼンを直前に控えた人など、さまざまな目的を持った参加者がスキルアップを目指して「プレタツ」メソッドを学び、実践している。ボディランゲージや交渉術、時には劇団出身の講師を招いてプロの発声法を学ぶことも！

次第にこの勉強会は「プレタツ」講師陣（p36）主導で進められるようになった。HIU イベントでの発表予定者は、構成やスライドなどについて、講師陣の熱血指導を受けている。「プレゼンで世界を動かす」をキーワードに、「Infinity Pitch」というプレゼンレッスンやスライド作成などのサービス提供会社を立ち上げる予定のメンバーもいる。

「プレタツ」講師陣とは？

「講師」といっても、もともとは勉強会に参加していたHIUメンバー。全員がプレゼンマスターというわけでもなく、なかには人見知りの人さえいるが、他メンバーのプレゼンに対して的確なアドバイスを授ける力が信頼され、次第に勉強会をリードする存在に。積極的に教えを請うプレゼンターには無償の「愛のムチ」を振るう、非常にアツい人たちだ。彼らの指導のもと、数多くのメンバーが僕の前でプレゼンを成功させ、事業化にこぎつけるなどの結果を出してきた。

OTHERS

そもそもHIUって何？　何ができるの？

「やる気」と「目的」があり、「自主性」を持って行動する人のための会員制コミュニケーションサロンだ。会員数は1500人超（2019年9月現在）。

▼

受け身の人だと得られるものは少ないかもしれないが、圧倒的努力を積み重ねられる積極的な人は、僕の目にも絶対に留まるし、手助けしたくなる。

堀江貴文　イノベーション大学校（HIU）

https://lounge.dmm.com/detail/87/

第2章

準備編

「プレゼン」構成を考える

第2章

「勝つ」ための戦略を練る

徹底した準備が「不安」を打ち消す！

どうすればいい？

・セールスポイントを厳選する

・ターゲットに理解してもらう

・シンプルにメリットを提示

・自分の言葉で伝える

どうせやるなら勝ちにいけ

「勝つ」というのは、目的を達成すること。

目的（＝ゲットしたいもの）を明確にする必要性については前章に書いた。

プレゼンに「正解」はない。「どうしたら伝わるんだろう？」「納得してもらうためには何ができるだろう？」と自分の頭で考えることがスタートラインだ。

立って話すのが苦手で、座ったほうがリラックスして自信を持って話せる、というのであれば、座って話せばいい。

あなたの強みや魅力が最大限に活かせるスタイルがあるなら、それが正解だ。

だがその反面、テクニックやスキルを軽視しないほうがいい。そういったものを磨けばプレゼンを70～80点くらいまで持っていけるというのに、磨かずに損をするのはもったいない。努力次第でスキルアップが可能な部分は、できるかぎり頑張ろう！

第2章

01

「セールスポイント」を最大限にアピール

あなたのプレゼンの「売り」は何？
聴衆にどんなメリットを提供できる？
リストアップしてみよう

「セールスポイント」は3つに絞れ

自分のプレゼンの「売り」はなんだろうか？　すなわち、聴衆にどんなメリットを提供できるだろうか？　しっかり考えて、思いつくだけ書き出してみよう。

メモするときは、箇条書きでできるだけシンプルに。ひと通り書き出したら、聴衆にとってのメリットが大きいと考えられるものから順に優先順位をつけていこう。

たとえば、子どもが「ゲーム機を買って！」と親や周囲の大人にねだるとき、「買ってもらうためにはどうすれば？」と考えて、「毎日お風呂掃除するから！」と約束したとする。これはスポンサーへの「メリットの提示」だ。

プレゼンもこれと同じ。「売り」がなければアピールできない。セールスポイントは多くて3つまで。ポイントは絞り込んだほうが的確に伝わるし、効果的だからだ。ゴチャゴチャとたくさん盛り込むのは逆効果である。

第2章

02

ターゲットを明確に

相手はどんな人なのか？
何に興味を持っている人なのか？
リサーチし、作戦を練ろう

ターゲットを想定し絞り込め

プレゼンする相手、伝えたい相手は誰なのか？　これを常に意識しよう。

タリーズやスタバがコーヒーを安売りしないのは、そこへお金を払うことに価値を見出している人を対象にしているから。ターゲットが明確なのでブレないのだ。

こんな例を挙げると「そんなの当たり前じゃないか」と思うだろうが、実際にプレゼンをやってもらうと、こういった意識が抜け落ちている人はとても多い。

ターゲットの絞り込みができたら、「相手は何を求めているのか？」を想像し、できるだけ細かく掘り下げよう。相手はどんな人なのか？　どんな話題に興味を持っているのか？　さらに、興味を持っていない相手にはどんなアプローチが有効なのか？

そのためには事前リサーチが欠かせない。ターゲットを知り尽くしてその傾向を読みとり、プレゼンに反映していこう。

第2章

03

説得力があるか

相手のレベルに合わせ、理解してもらえる言葉で話すことが必要だ

「ロジカル」に考えるクセをつけろ

説得力とは、超シンプルに言えば、相手に理解してもらえること。

正直に言って「説得力のあるプレゼン」のスタイルに、紋切り型の必勝法なんていうものは存在しない。相手や状況にもよりけり、ケースバイケースだ。

「論理的思考をどうやって身につけたらいいですか?」というのも、メルマガの質問コーナーなどでメチャクチャよく聞かれる質問だが、読書をしたり、面白い人と会い、話を聞いたりして地道に教養を身につけるほかにない。

なお、情報をインプットしたぶん、アウトプットすることはおすすめだ。毎日ブログを書いたり、ツイッターで論争するなど、人に説明する機会が多いと物事をロジカルに考えるクセがつくからだ。

目標がきちんとあって、その目標を達成したい！　と強く思えば、「そのためにやるべきこと」はおのずと見えてくるものだ。

「相手の言葉」で話せ

あなたは相手に「なるほど」と思ってもらいたくてプレゼンをするのだから、前提条件として、前項で説明した「ターゲット」を意識することはマストである。

話をするときには、「相手の言葉」で話す、ということを心がけるといい。相手にしっかり伝わる言葉や説明を意識的に選びとる、という意味だ。

英語しか理解できない相手に、日本語でプレゼンする人はさすがにいないだろうが、一般の聴衆に向けたプレゼンで、相手が「それ、なんですか？」とフリーズしてしまうような専門用語を連発したり、難しい概念を噛み砕いて説明せずに会場をシラケさせてしまうケースは実に多い。

プレゼン内容を理解してもらえなければ、説得力なんて生まれるはずがない。自分の専門分野ほど、「この程度の話だったら理解してもらえるだろう」とタカをくくりがちだ。相手の理解度に合わせ、理解してもらえる言葉で話すことを意識しよう。

説得力を身につけるためには？

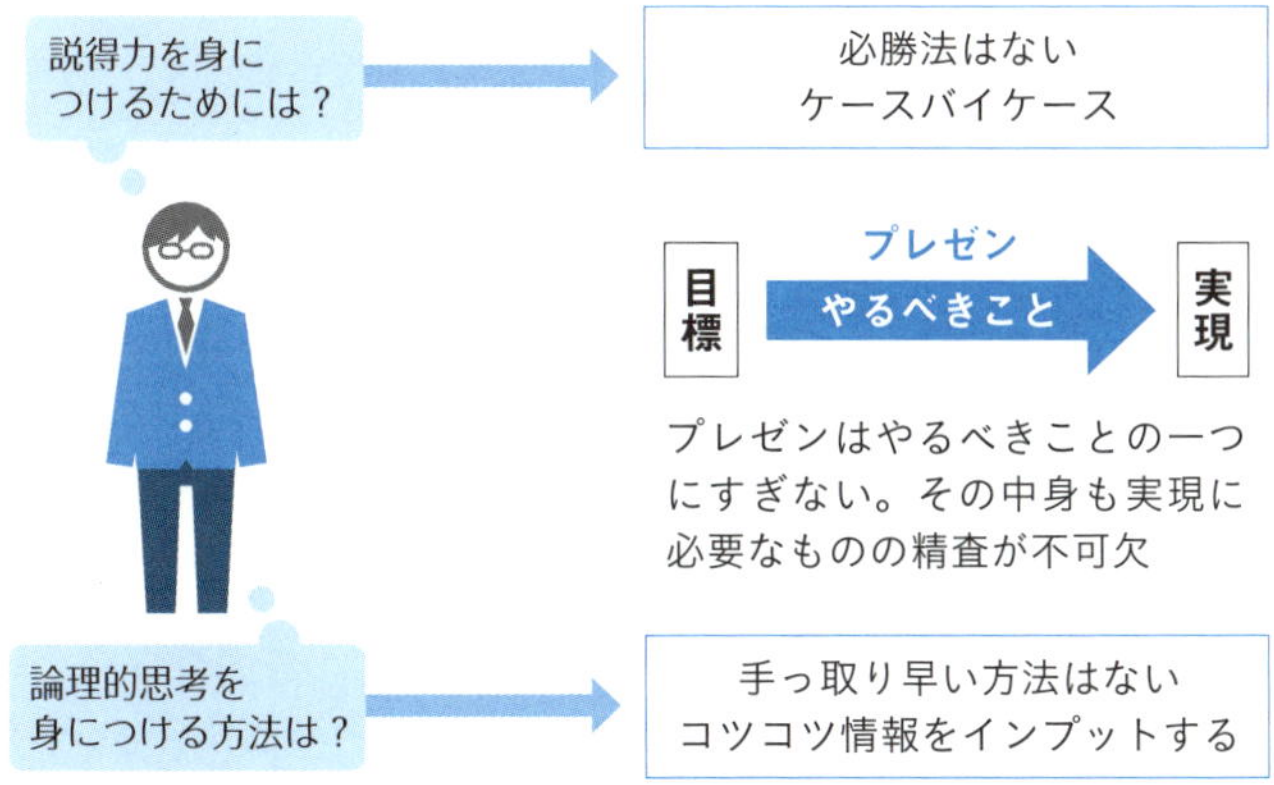

「情報収集」はゴールではない。インプットした情報をアウトプットすることでロジカルに思考するクセがつく

ターゲットを正しく意識する

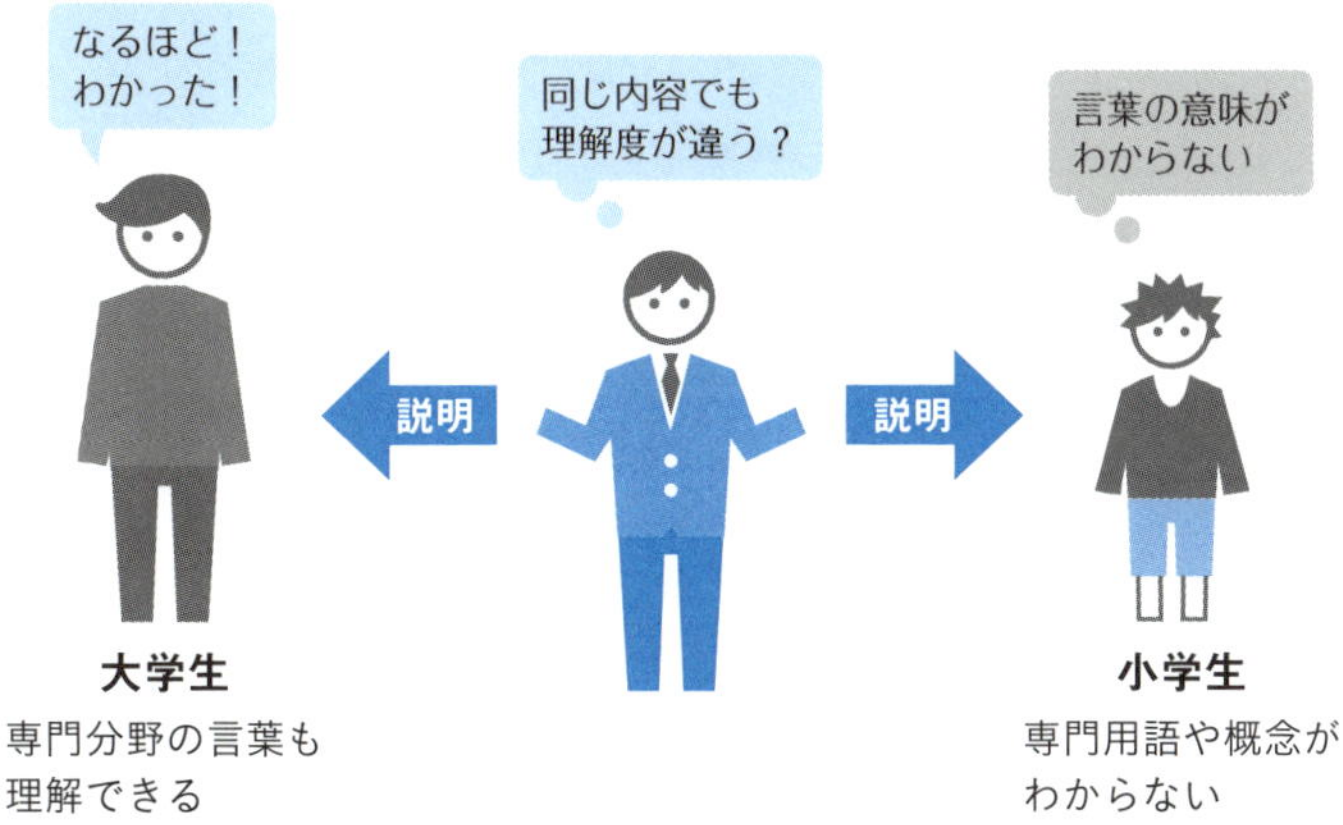

相手に合わせた説明で説得力がアップする

第2章

04

シンプルイズベスト

内容は欲張らず、短くシンプルに。
ポイントをはっきりさせよう

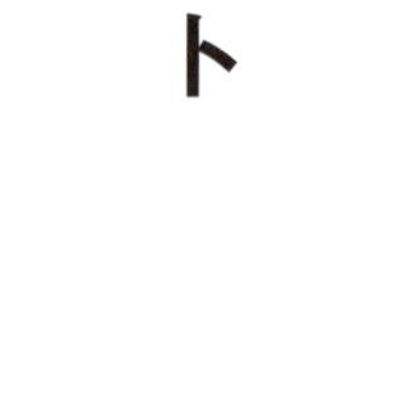

欲張らず、要点を絞り込め

プレゼン内容は、なるべくシンプルになるよう心がけよう。せっかくの機会なんだから、と要素を詰め込みたくなる気持ちもわからなくはないが、過ぎたるはなお及ばざるがごとし。欲張りすぎると焦点がぼやけてしまい、残念な結果しか招かない。

簡潔なフレーズを用いて話すために必要なのは、センスよりもテクニック。ムダな要素をカットできるのは、重要なポイントがはっきりと見えているからだ。これができるようになると、普段の会話でも中身のない話が少なくなってくると思う。

僕は、ダラダラと冗長な文章が嫌いなので、短い言葉の中にできるだけたくさんの情報を詰め込みたいと考えているし、そのための工夫もしている。たとえば、ツイッターで相手にリプライをするときには、相手の文章の不要な部分は全部カットして短くしている。

普段から訓練していれば自然と身につくことなので、ぜひ頑張ってもらいたい。

いい質問は短くてシンプル

僕のメルマガは原則として短い。読者も長文を読むのは面倒くさいだろう、と考えてあえて短くしている。短いぶん、要点だけをまとめているので内容は非常に濃い。メルマガ読者から受けつけている質問にも400字までという制限を設けている。それを毎週100点以上見ているので、相当な文章量に目を通していることになる。

いい質問はどれも短くてシンプル、そして具体的だ。一方で、ダラダラと長い質問に限ってつまらない。聞かれてもいない「自分語り」を始める人もいれば、いったい何を聞きたいのか、まったくもって意味不明な質問も多い。

相手が理解できるように、要素をシンプルにして伝える。重要度に沿って、わかりやすく優先順位をつける。相手が飽きないようにテンポよく進める――。これらはすべてプレゼンに欠かせないことだが、まるで話し方のコツのように見えるだろう。それもそのはず。質問もプレゼンも、相手とのコミュニケーションなのだから。

質問もプレゼンの一種と心得よ

ある問題（A＋B＋C）の解決法を質問するとき

よい質問の仕方

→質問そのものがとてもシンプル

問題解決のために論点を抽出してシンプルに聞く

目的（＝問題解決）のためには手段（＝シンプル化）が大事

悪い質問の仕方

→問題解決のために問題の細分化をしないのはNG

論点がシンプルでない質問は相手を困らせる

第2章

05

「時間泥棒」にだけはなってはいけない

時間とは命そのもの。ムダな話を全部カットして手短に話すことを心がけろ！

「TIME IS LIFE」

僕はムダ話、つまり中身のない話が大嫌いだ。挨拶代わりに「今日はいいお天気ですね」なんて言われると、思わずイラッとしてしまう。

なぜなのか。多くの人は「TIME IS MONEY」という言葉通り、時間はお金と同等に大切だと考えるが、**僕に言わせれば、惜しむべきはお金よりも時間**。「TIME IS LIFE」なのだ。

僕は「お金なんて全部なくなったって構わない。命だけは削らないでほしい」と思っている。お金なんてなくなっても、また稼げばいい。

大事なのは時間。不死身の人間などおらず、誰にとっても人生は一度きりである。

つまり、時間とは命そのものなのだ。

だからこそ、中身のないプレゼンをすることは「聞いてくれている相手の時間を奪う行為」だと思っている。

HIUメンバーによるプレゼンの多くは「3分間」という制限つきで披露してもらうことにしている。事業計画でもイベント参加への呼びかけでも、ほとんどのことは3分以内で説明できるはずだからだ。

要点を絞って簡潔に話すこと。これができている人は、頭の中で「伝えたいこと」の優先順位をパパッとつけられるのだ。

それと同時に、「手短に話すこと」を意識的にやっている人は、相手の「時間」をリスペクトする、という意識を持っている人だといえるだろう。

ムダ話は相手の時間を奪う行為

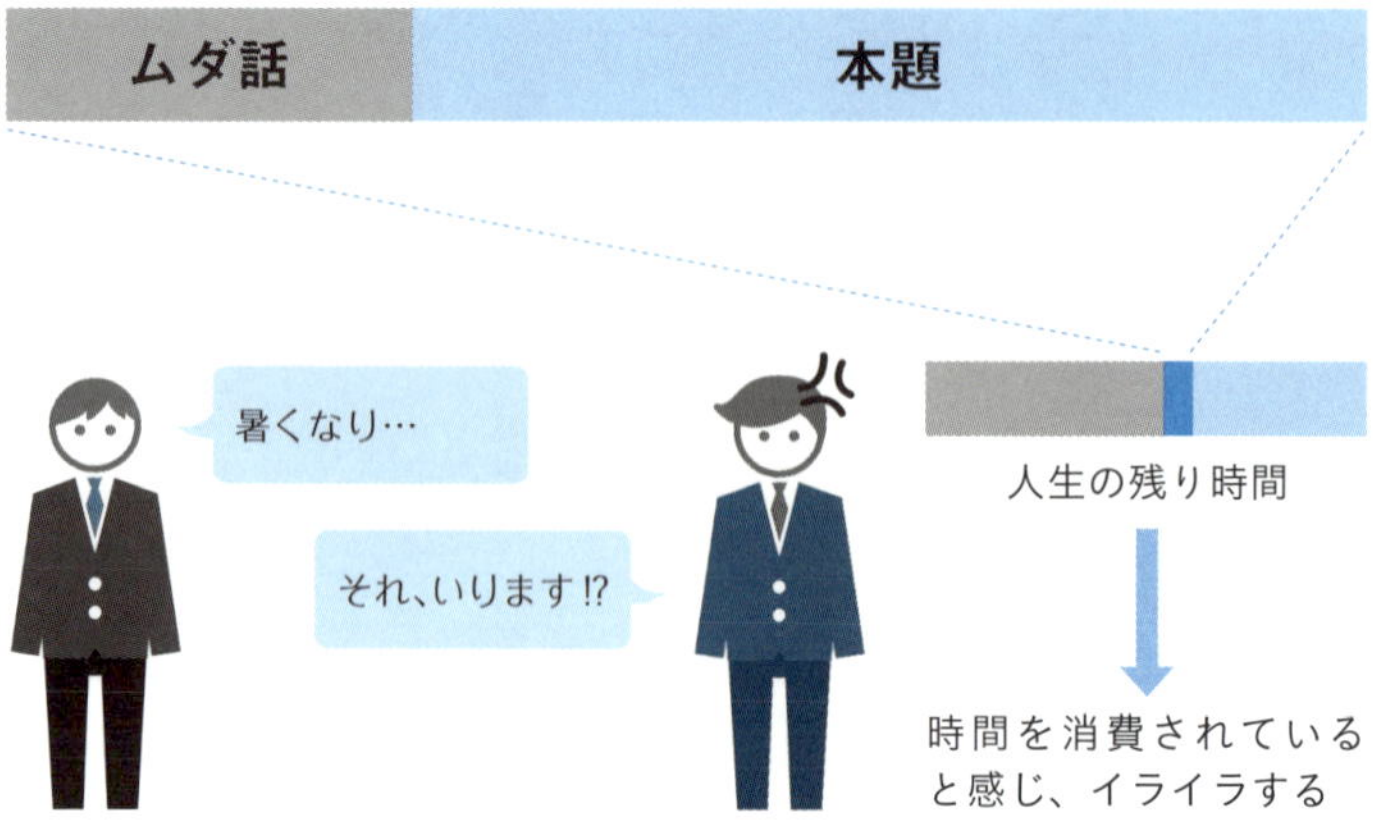

取り返せない“時間”を奪うのは厳禁！！

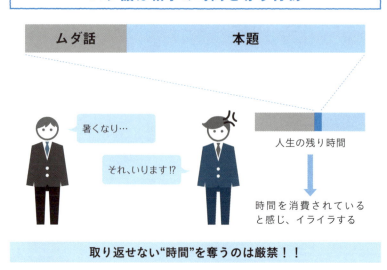

「手短に話す」ことを心がけろ

ムダに長い説明に耳を傾けることは苦痛だ。

1秒でも早く本題に入り、議論を始めなくては時間がもったいない。また、要点がまとまっていない、話が長い、というのは相手に負担を強いることだ。それを理解できていない人がまだまだ多いと思う。

「お時間を取ってすみません」なんていう前口上で保険をかけ（こういう、守りに入っている言動も嫌いだ）、ダラダラと喋り続ける人がいるが、そういう人とはどんなにプレゼンの内容がよかったとしても「一緒に仕事したい」とはとても思えない。

「手短に話す」――。一見すると難しいことのようだが、苦手な人は練習すればいいだけのこと。普段から意識し場数を踏めば、誰にだってできることだ。

「時間泥棒」にだけはなってはいけない。

06

3分3部構成がベスト

「導入」「本題」「まとめ」の3部構成が基本。言いたいことを3分で伝えよう

ムダを省いて、3分で伝えろ

前項にも書いたが、HIUメンバーによるプレゼンは、原則として制限時間「3分間」で行われている。短く感じるかもしれないが、徹底してムダを省けば、大抵のことは3分あれば伝えられる。プレゼンの構成は、「導入」「本題」「まとめ」の3部構成が基本。

3部の時間配分はテーマや本題のボリュームによって変わってくるが、30秒・2分・30秒を基準と考えるとつくりやすい。

3部構成の導入は、「つかみ」の部分。いかに聴衆の興味を引くかがポイント。プレゼンの全貌と結論を先に言ってしまうのがいいだろう。本題は、3つくらいに絞ったセールスポイントを目一杯アピールする部分。事前に箇条書きにして整理したメリットを聴衆に強く印象づけよう。

本題で話した内容も、聴衆は聞いていくなかでどんどん忘れていく。最後のまとめでは、念押しのためにプレゼンの要点だけをまとめて伝えよう。

第2章

07

共感を集める「Me、We、Now」

オバマ・アメリカ前大統領も使った「Me、We、Now」理論で共感をゲット！

人に「想い」を伝え、共感を集めるには？

人に「想い」を伝えるにはどうしたらいいか。熱意や説得力の大切さについてはすでに述べたが、ここで紹介したいのは「共感を集めること」の大切さだ。

僕は刑務所からの出所後に初めて書き下ろした『ゼロ』という本を１００万部売りたいと真剣に考えていた。そこで出版業界のカリスマ的存在であるピースオブケイクの加藤貞顕さん、コルクの佐渡島庸平さん、柿内芳文（現星海社）さんとチームを組み、どうしたら僕の「想い」を伝えられるか、議論に議論を重ねた。彼らは、ベストセラーにするためには「読者からの共感」を集めることがマストだと言い、アメリカのオバマ前大統領が選挙でよく使った話法「Ｍｅ、Ｗｅ、Ｎｏｗ」理論について説明してくれた。

オバマ氏は「ＭｅとＷｅとＮｏｗ」、つまり、「私、私たち、そして今」という構成でアメリカ国民に語りかけていたのだという。

オバマ前大統領も使った「Me、We、Now」

バラク・オバマという人は、長身イケメンでお金持ちというスーパーエリートなわけだが、国民から「あなたは、我々とは違う世界の人間だ」と思われてしまったら支持してもらえない。そこで彼は、自分はいろいろな苦労をして上り詰めたマイノリティ出身者で（Me）、みんなと同じアメリカ国民であること（We）、そして今、アメリカ国民は一人ひとりが力を合わせて何をすべきなのか（Now）を示し訴えかけた。

Me……まずは自分をさらけ出し、自分を知ってもらう。
We……「あなた」と「私」の心の距離を近づける。共感・応援してもらう。
Now……「今、私は何がしたいのか」「そのためにあなたにどんなサポートをしてもらいたいのか」と具体的な話をする。

これは他者の共感を集めるときにとても有効な方法だ。

オバマ前大統領のプレゼン話法

「Me、We、Now」で国民の共感をゲット！

「“共感度”を上げないと落選してしまう」

共感度を上げるプレゼン話法を実施

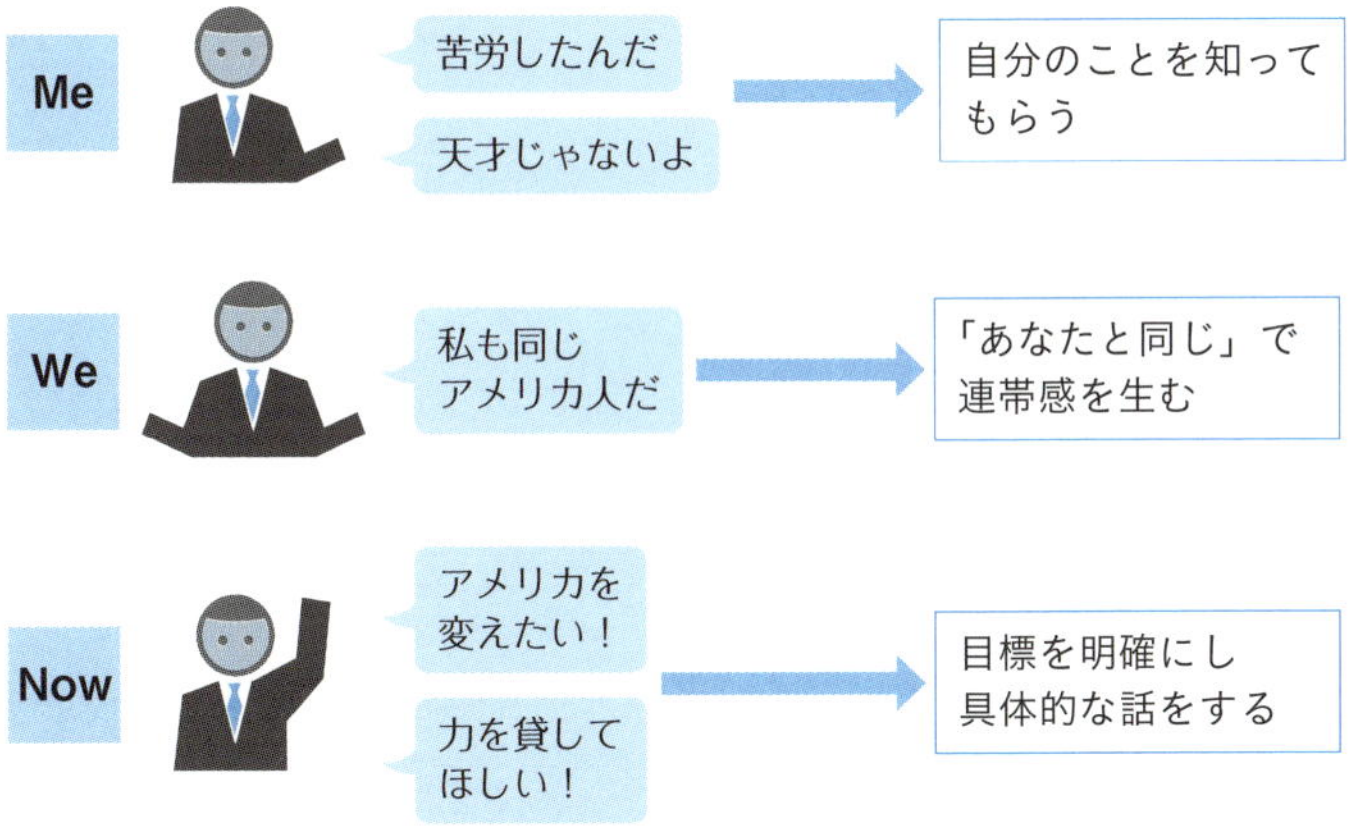

演説では、相手の共感を得ることが最重要事項の一つ

第2章

08

一字一句、カッチリと準備した原稿なんていらない

「原稿読み」は最低！
その場で出てくる言葉やリアル感が
なければプレゼンする必要なんてない

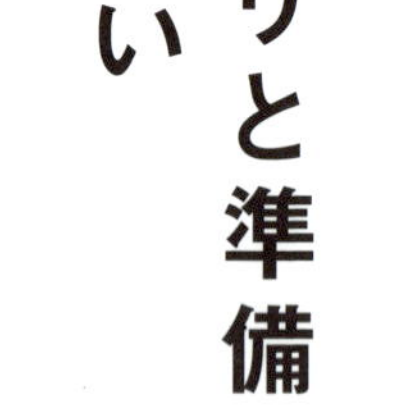

「原稿読み」は最低のプレゼン

原稿をひたすら読み上げるだけ、というのは最低最悪のプレゼンだ。

これはもはや、「プレゼン」というスタイルを採用する必要がないので論外。すぐにでもプレゼンを中止して、原稿をメールで一斉送信すればいい。そもそも、時間をかけて話を聞いてくれている相手に失礼すぎる。

当たり前だが、プレゼンは、ニュース報道とは根本的に違う。

アナウンサーは手元にある原稿を読んでいるが、その目的は情報を伝達することであって、視聴者に何かを訴え共感を集めたいわけではない。したがって、収録した動画をオンエアしたり、ネット配信することで十分に目的が果たすことができる。

ありがちなのが「完璧な原稿を準備して、それを丸暗記してプレゼンに臨む」パターン。この場合、必然的に「読んでいる感」が出てしまい、不自然さ満載のプレゼンになってしまう。生真面目な人によくある失敗例だ。

しかも、困ったことに「完璧な原稿を丸暗記」したプレゼンターに限って、臨機応変な対応ができなくなってしまう。

プレゼンの最中には不測の事態が発生することがよくある。たとえば急に質問やツッコミが入ったり、アガってしまって〝台詞《せりふ》〟を飛ばしてしまったりすると、すっかり慌ててプチパニックに陥ってしまうのだ。

僕は基本的に原稿なんて用意しない。その場で出てくる言葉やリアル感がなければ「リアルの場」でプレゼンする必要なんてないと思っているからだ。

プレゼンに必要なのは原稿ではなく「ライブ思考」

原稿読み上げ型
なので…
〇〇は〜
丸暗記型
忘れた…
このときは？
ライブ型
こうですよ
このときは？

ニュースのように読み上げられても聴衆は興味を失うだけ

想定外の質問に対応できずパニックになり失敗してしまう

聴衆へも余裕を持って対応ができ、聴衆も乗り気になる

原稿を読み上げるだけならプレゼンする必要なし！

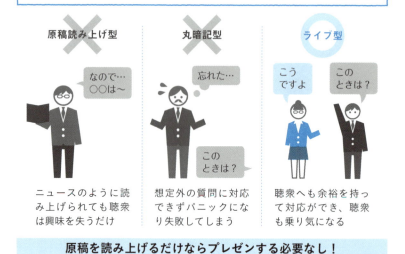

リアル感を出すための「ライブ思考」

では、どうしたらリアル感を出せるのか？

まず構成の骨子をしっかり考えることだ。

このとき、原稿を準備したほうが頭の中が整理されるという人もいる。説明や言葉の言い回しなどが洗練されるという利点もあるだろうし、直接会って相談できない相手からアドバイスを受けたいときには原稿があると便利だろう。とはいえ、前述の通り僕は〝原稿はつくらない〟ので、自分に合うスタイルを選択したらいい。

もっとも大事なのは、プレゼンの内容を自分の体にしっかり染み込ませること。

そのためには次項で紹介する「プレゼンの内容をマスターすること」が欠かせないし、トークの流れをしっかりシミュレーションできていること、第４章で紹介する「自分の言葉で話すこと」も大切だ。その場に応じて臨機応変に対応するという「ライブ思考」ができるようになれば、プレゼンのリアル感もぐっと増すだろう。

第2章

09

自分がプレゼンする内容くらいマスターしておけ

内容をマスターしておけば、プレゼン中のハプニングもプラスに変えることができる

エキスパートになったつもりで臨め

原稿を丸暗記する暇があったら、自分がプレゼンする内容について完全に理解し、把握しておくべきだ。

エキスパートになったつもりで、プレゼンに盛り込まれていない内容についても、「質問を受けたらなんでも即答できる！」くらいの自信と覚悟を持って臨んでもらいたい。

以前、HIUメンバーによるある商品のプレゼンで、なかなか見ごたえのある発表があった。発表には改善が必要な点も多かったものの、商品のクオリティもいい。

ところが、興味を持った僕が「いくらなの？」と商品の値段を尋ねたところ、プレゼンターは即答できなかったのだ。

単なる準備不足だったかもしれないし、不意打ちの質問をあびせられた緊張もあってド忘れしてしまったのかもしれない。

しかし、これは非常にもったいないことだ。

ハプニングで慌てるなんてもったいない

僕に言わせてみれば、商品の値段なんてもっとも基本的なポイントの一つだ。

それを即答できないようでは、聴衆のテンションがダダ下がりしても仕方ない。

第1章の心得編で説明したように、プレゼンは予定調和ではなく観客を巻き込んだライブのようなものだ。当然、想定外のハプニングも起こりえる。

そこで慌ててマイナスとしてしまうか、プラスに変えていくかは、プレゼンターの腕前次第。どんな事態にもアドリブで即応できるようになるためには、プレゼンの内容を掘り下げて120パーセント理解しておかなければならない。原稿を「チラ見」しながら説明をしているようでは、まず無理だ。

プレゼン内容をマスターすることで、自信がついて気持ちに余裕が生まれ、自然とアドリブも飛び出すようになる。ライブ感覚でどんなハプニングが起こっても楽しめるくらいになれば、あなたはすでに「プレゼンの達人」だ。

堀江流「プレゼンの達人」とは

上の６つができるようになれば、あとは経験を積むだけ

「想定外」を楽しめてこそ達人

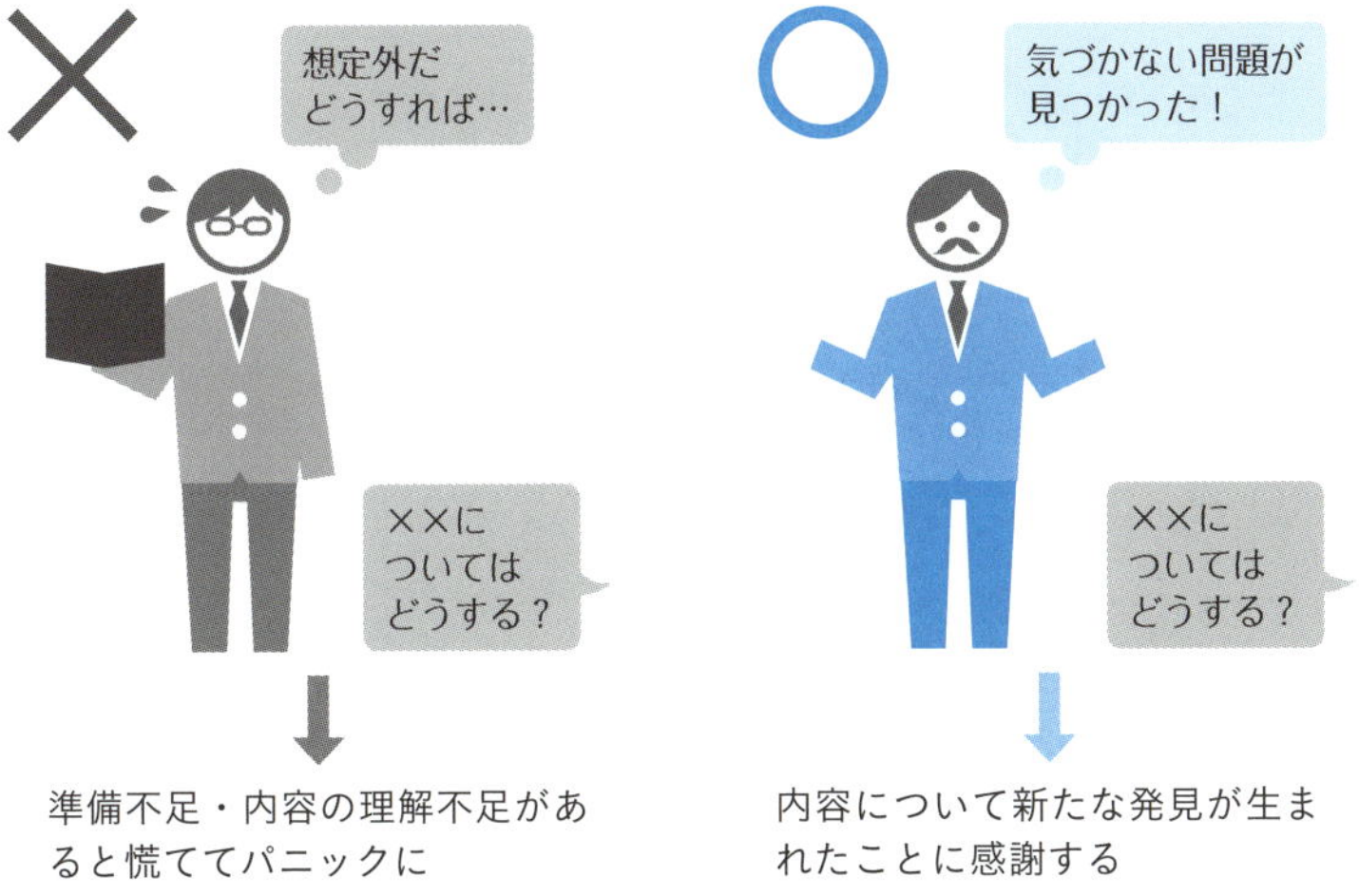

内容をマスターしていれば“議論の始まり”を喜べる

第2章

10

トークを相手の記憶に残す方法

「つかみ」に全力でアイデアを注ごう。冒頭で「つまらない」と思われたら、まともにプレゼンを聞いてもらえない

「伝わる」表現を考えろ

プレゼンの内容を相手の記憶に残すためには、自分の名前を名乗ってから（これは基本！）、冒頭10秒の「つかみ」に全力でアイデアを注ごう。初めに「つまらない」と思われてしまったら、話の続きをまともに聞いてもらえなくなる可能性は急上昇する。

「つかみ」同様、「締め」も大事だ。クロージングがビシッと決まらないと、「で、結局なんなの？」と思われてしまうのがオチだ。

面白いキャッチフレーズを盛り込むのもいい。一人でも多くの人に「伝わる」表現を意識的に選びとることが大切だ。

プレゼンは最初の10秒が大事!!

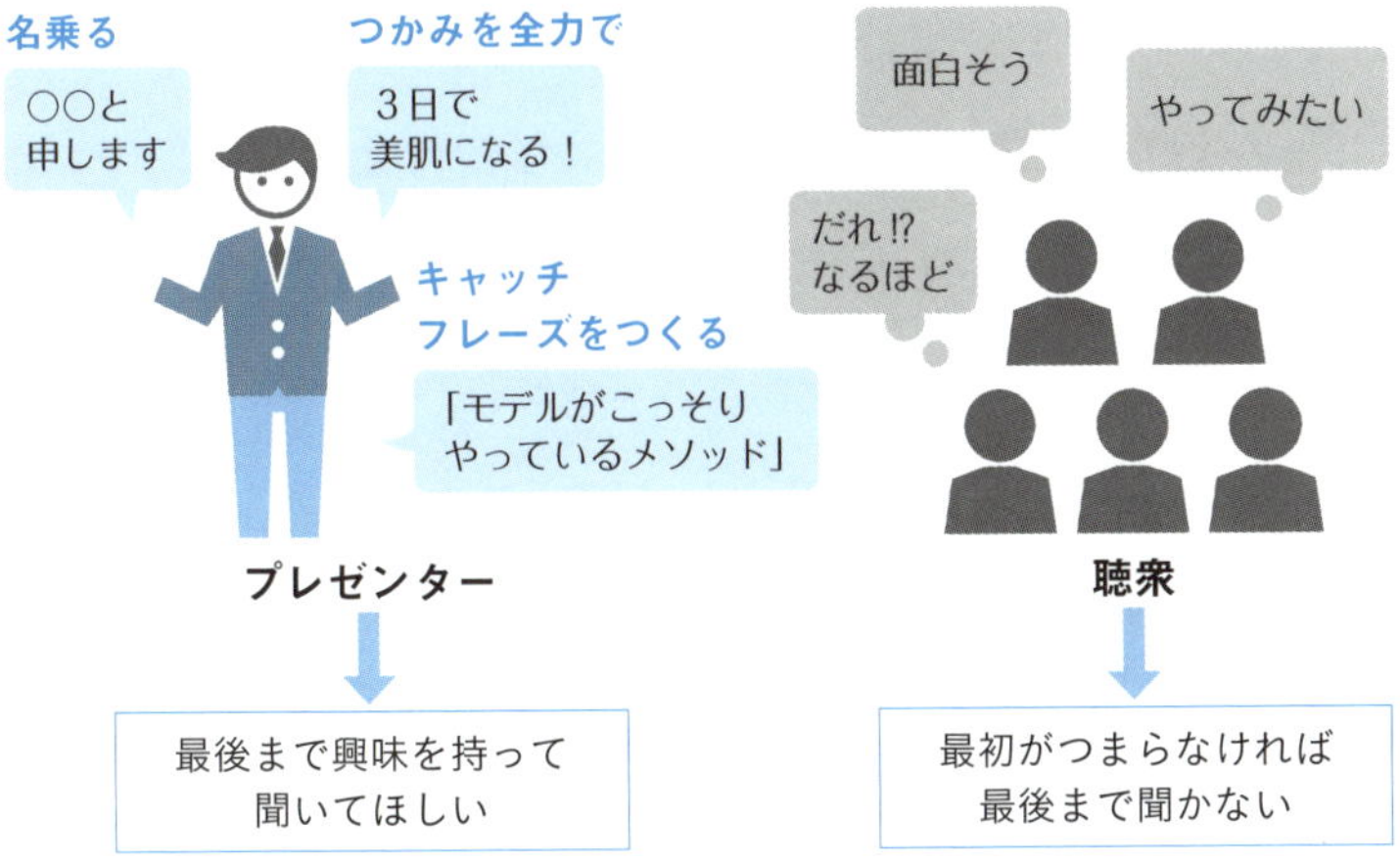

名乗る
○○と申します
つかみを全力で
３日で美肌になる！
キャッチフレーズをつくる
「モデルがこっそりやっているメソッド」
面白そう
やってみたい
だれ⁉なるほど
プレゼンター
聴衆
最後まで興味を持って聞いてほしい
最初がつまらなければ最後まで聞かない

プレゼンの成否は「つかみ」次第ともいえる！

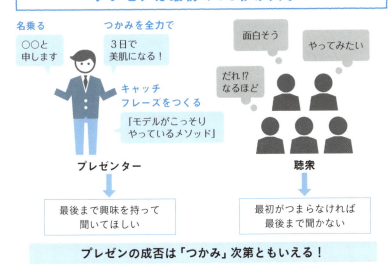

Column 02

ガチプレゼンから商品化への道のり

HIUに入会し、プレゼンで「ゼロをイチに」、つまり事業化に成功したHIUメンバーの奮闘記を紹介しよう

STEP 1

「ターゲットは誰なのか？」を理解する

ここで取り上げるのは、HIUメンバーであるアロマセラピスト、木澤紀子さんの話だ。彼女はHIUのマッサージグループ内で立ち上げたアロマレッスン部に、HIUメンバーを勧誘しようとプレゼンに挑んだ。

その目的は、「アロマセラピーの魅力をより多くの人に伝える」こと。しかし、スライドやレジュメの事前提出の段階で「エビデンス不足」「内容がふわっとしすぎ」など「プレタツ」講師陣（p36）から「ダメ出し」をくらい続けた。

▼

アピールしたい相手（この場合は僕）を意識して、その人にウケるであろうアプローチ方法（僕は具体的な説明を求める）がとれていなかった。

STEP 2

「自分の強み」はなんなのか？　を発見する

本番の前々夜まで続いた「ダメ出し」で心が折れかけた木澤さん。気分転換もかねて夜更けにお手製リップバームをつくり始めた。その過程を写真でHIUのスレッドに上げたところ、「プレタツ」講師陣に大ウケし、アロマセラピーの活用方法を知る「自分の強み」に気づく。「月桃《げっとう》のエッセンシャルオイルを使って、一緒に手作りリップバームをつくろう！」という具体的なアプローチ方法を採用することにした。

▼

「リップバームが手作りできる」という意外性が武器に。

STEP 3

スライドで「装備」する

リップバームを手作りしている写真をスライドに入れ、「伝えたいが、言葉では伝わりにくいこと」をカバーした。

【ミツロウなどを湯せん】

【精油を投入】

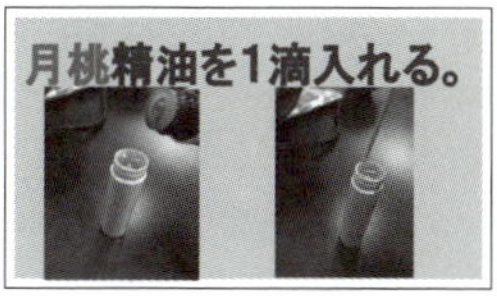

STEP 4

やっぱりプレゼンは「ライブ」だった！

プレゼン当日。ここまでの悪戦苦闘ぶりなど一切知らない僕に、木澤さんは手作りの「月桃リップ」を手渡してくれた。さらに、彼女は香りのサンプルシート（ムエット）を用意し、聴衆に配布、五感に訴えるアプローチ法を選んでいた。

「月桃って何科の植物なの？」という僕の質問に即答する木澤さん。調べてみると、なるほど「月桃」はとてもユニークな植物らしい。しかも、スティックタイプのリップは商品化されていない。「これ、商品化してみたらいいじゃん」。そう伝えると彼女はすぐに「やります！」と答えた。

彼女みたいに「ゼロをイチに」できるかどうかはノリのよさと行動力にかかっていると思う。勝算なんかなくてもいい。目の前のチャンスにパッと飛びつくことができる人だけが前に進むことができる。

▼

この後、「月桃リップ」は商品化され、第二弾の計画も進んでいる。「アロマの魅力を伝える」というふんわりした目的も突きつめればビジネスに昇華するという好例だ。

第3章

スライド編

パワポなんか使うな

第3章

伝わるスライドをつくるためには

スライドは「伝えるための道具」にすぎない

どうすればいい？

- 相手の見やすさを考える
- デザインはシンプルに
- いいスライドはパクろう
- 盛りすぎ・こだわりすぎNG

スライドを使う「目的」をはっきり持て

プレゼンとは何か？　ここまで読んでくれた読者には、その本質について理解してもらえたと思う。では、スライドとはなんだろう？

プレゼンの内容が不足なく伝わるのであれば、別にスライドなんか準備する必要はない。スライドは伝えるための手段の一つにすぎないからだ。僕自身、手間をかけたくないのでスライドはほとんどつくらないし、つくったとしても非常にシンプルなものしか用意しない。

惰性でスライドを準備するのはやめよう。その反対に、スライドを見せることによって期待できる効果があるのなら、中身には徹底的にこだわればいい。

基本的に、スライドの役割はプレゼン内容の「サポート」だ。次の話題に切り替えるためのきっかけづくり、言葉では伝わりにくいイメージを補完するものと心得よう。内容はシンプルでいい。「わざわざスライドを見せる目的」を意識しよう。

第3章

01

パワポよりもキーノート

まだパワポなんて使ってるの？
プレゼンのスライドをつくるなら
キーノート一択だ

ジョブズがつくったプレゼンソフト

「まだパワポなんて使ってるの？」

パワポで作成したスライドを見ると、真っ先に思ってしまう。

僕はスティーブ・ジョブズが自らのプレゼンのためにつくったといわれるプレゼンテーションソフト「キーノート（Keynote）」を強く推奨している。

「会社のPCにインストールされてない」「ウィンドウズのPCしか持っていない」など、キーノートを使っていない人の言い分はさまざまだろうが、要するに「よく知らない」という人が依然として多いのだと思う。

知らない。面倒くさい。自分の知っているやり方を変えたくない。——こんなふうに思考停止してしまう人のことを、僕は「情報弱者」と呼んでいる。

明らかに便利なツールがあるのだから、利用しない手はない。僕はジョブズを絶対視するわけではないが、「スライドをつくるのならキーノート」が断然おすすめだ。

デザイン性に優れ、操作が簡単

キーノートの利点は、なんといってもデザイン性の高さ。「字間」の詰まり方一つ取っても美しい。テンプレに文字をはめこむだけできれいに見える。

また、機能がシンプルなので直感的な操作でレイアウトが簡単に行えるし、さまざまなエフェクト（視覚効果）も使いやすい。しかもパワポより安価だ。

そもそもキーノートはｉＰｈｏｎｅとｉＰａｄ、Ｍａｃには標準で入っているし、Ｍａｃ版はもちろん、Ｗｉｎｄｏｗｓ版もネットでダウンロードできる。

さらなる利点は、ｉＣｌｏｕｄ上で使えること。アップルＩＤさえ持っていれば、キーノートをわざわざＰＣにインストールする必要はない。ネットにつながる環境があってｉＣｌｏｕｄにアクセスできれば、どんな端末でも使うことができるのだ。

極端な話、移動中のタクシーの中でもｉＰｈｏｎｅでスライドをつくれてしまう。

キーノートならきれいなスライドがつくれる

字間が自動的に美しく整う

キーノート

Keynoteは
字間の詰まり方も
美しい

アルファベットと日本語の文字の大きさ、字間が自動的に整う

パワーポイント

PowerPointは
字間の詰まり方が
美しくない

アルファベットが日本語の文字に比べ小さく、字間もバラバラ

スライド作成の手間が大幅にカットできる！

シンプル操作で視覚効果が使える

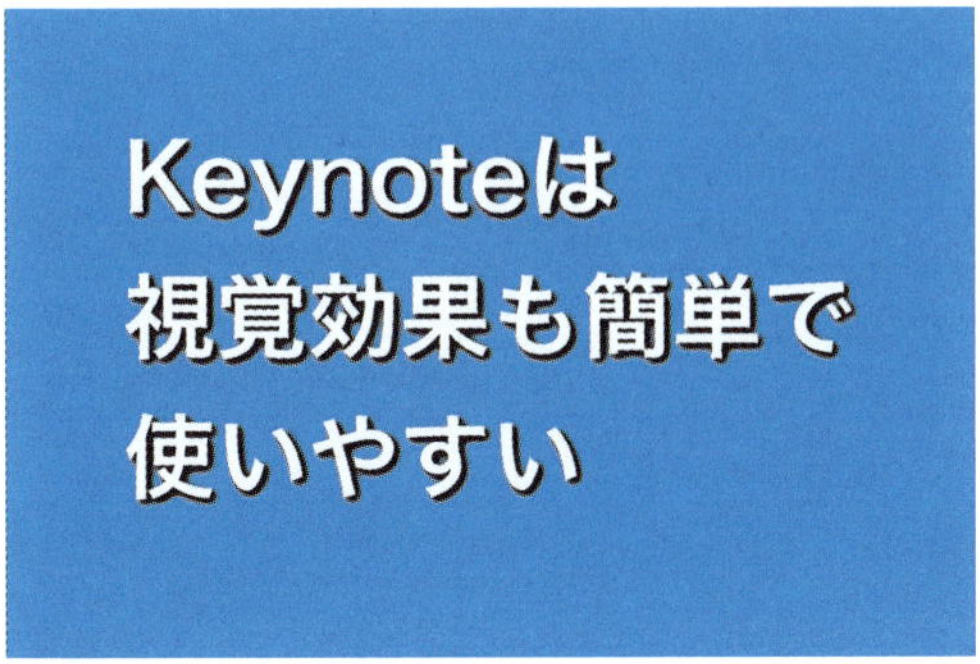
Keynoteは
視覚効果も簡単で
使いやすい

文字に影（シャドウ）

効果をつけたり、変更するのも非常に簡単！

第3章

02

書体はゴシック一択

プレゼンのスライドの書体は
ぱっと見て読みやすい
「ゴシック体」がおすすめ

ゴシック体と明朝体の特長を理解せよ

スライドの文字の見やすさ、読みやすさは、デザインやレイアウトだけでなく、その書体によっても大きく左右される。

日本語の場合、代表的な書体といえば「ゴシック体」と「明朝体」だ。ゴシック体は、縦と横の線の太さがほぼ同じ。明朝体は新聞などで採用されている書体で、縦の線に比べて横の線が細いのが特徴だ。

一般的にゴシック体は、可視性の高い（判読しやすい）書体、明朝体は可読性の高い（読みやすく、長い時間読んでも疲れにくい）書体とされている。

どちらもそれぞれ特長があるわけだが、プレゼンのスライドで重要なのは、可読性よりも可視性、判読性を重視した見やすいフォント選びだ。

そこで僕は、**ゴシック体（ヒラギノ角ゴ）をおすすめする**。プレゼンのスライドづくりに慣れていないのであれば、なおさらだ。

高速道路の標識にも使われる「ヒラギノ角ゴ」

繰り返すが、スライドに使用するフォントはゴシック体（ヒラギノ角ゴ）がおすすめだ。デザインのプロであれば、明朝体も効果的にレイアウトすることはできるが、文字が細いので、広い会場などではどうしてもわかりづらくなる。

遠くから見ると、明朝体の細い線がかすれて、読みにくくなるのだ。プレゼンでは短い時間で伝える必要があるので、**ぱっと見て読みやすいゴシック体を選んだほうがいい。**

ゴシック体（ヒラギノ角ゴ）は、iPhoneとMacのシステムフォントに採用されている書体だ。それ以外にも神戸市の鉄道のサインシステムや、ネクスコ東日本など高速道路を運営する3社が高速道路に設置する、案内標識に採用されている。

それほど可視性・判読性が高く評価されている書体ということだ。

プレゼン初心者は、まずゴシック体でスライドをつくってみよう。

書体選びにも気を使おう

スライドのフォントは聴衆の立場で選ぶ

ゴシック体

ゴシック体は
遠くからでも見やすい

ゴシック体は可視性（見えやすさ）に優れているので離れていても見やすい

明朝体

明朝体は
遠くからだと見にくい

明朝体は可読性（読みやすさ）は高いが、距離が離れると見にくくなってしまう

プレゼンのスライドは“見せる”ことを意識する

「ヒラギノ角ゴシック」で強弱をつけるには

太さも選べる

ヒラギノ
角ゴシック

W3

商品説明など、文章がある程度長い場合は細い字のほうが読みやすい

ヒラギノ
角ゴシック

W6

商品名やキャッチフレーズなど強調したい文字は太字のほうが目立つ

重要な点は太字、それ以外は細字で強弱をつけられる

第3章

03

スクリーン比率とサイズに注意

スクリーンやディスプレイの比率は
会場によって異なる!
事前にチェックしておくこと

スライドは「16：9」サイズが主流

プレゼンする場所がすでに決まっているのなら、**会場の「スクリーンの比率とサイズ」「聴衆との距離感」を必ず事前確認すること。**

近年主流になっている比率は「16：9」だが、うっかり従来通りの標準比率（4：3）で準備すると左右に不格好な空きができてしまい、本番で冷や汗をかくことになる。

また、スライドは会場のスクリーンサイズ、聴衆との距離感に応じてつくろう。40型モニタと、壁一面ほどの巨大スクリーンとでは聴衆へのアプローチ法を変える必要がある。

スクリーンに合わせたスライド比率を選ぶ

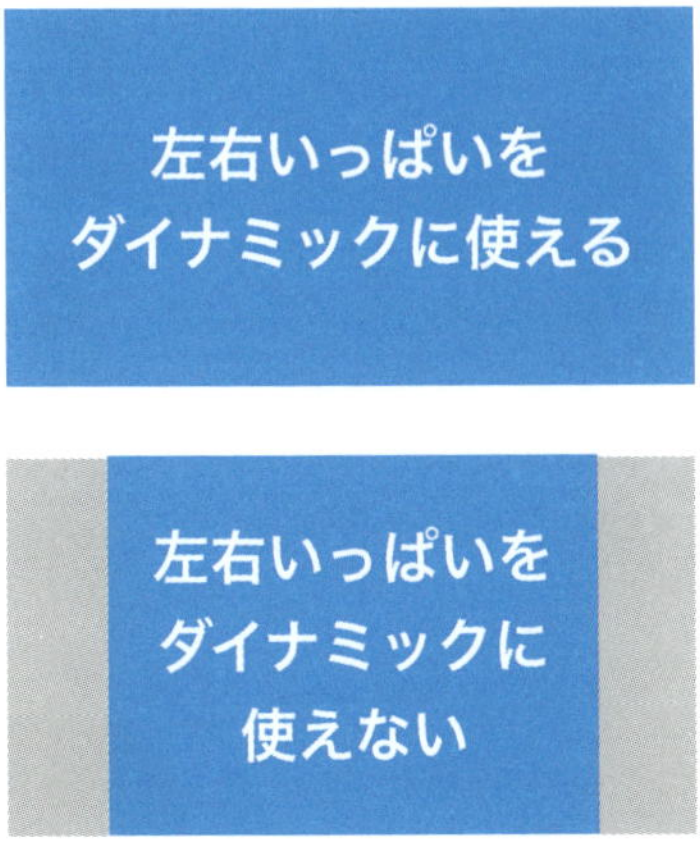
左右いっぱいをダイナミックに使える
左右いっぱいをダイナミックに使えない

16：9
左右いっぱいにスペースを使え、文字や写真を大きく使える

4：3
文字や写真が窮屈な反面、左右に白い空きスペースができて目立つ

プレゼン当日、会場で慌てることのないように！

第3章

04

写真やイラストを効果的に使え

カッコいい写真を1枚見せるだけで、
伝わることがある。
お金をケチらず
本当にいい写真やイラストを使おう

写真を使うメリットは？

プレゼンのスライドは、単なる資料ではなく、プレゼンをより素晴らしいものにするためのエフェクト（効果演出）だ。主役はあくまでもプレゼンの中身そのもの。写真やイラストがない状態でプレゼン内容が完成されていることはマストである。

たとえば、料理のおいしさを言葉で表現するのは、食レポのプロでもなければ難しいものだ。しかし、肉汁がしたたるステーキの写真を1枚でも見せれば、誰もが「おいしそう」と思うだろう。

言葉で伝えきれない情報を一瞬で伝えられる写真は、時間効率化のための最良のツールなのだ。

それを理解せず、ネットで拾ってきたような適当な写真を貼りつけたスライドを見ると、「カッコいい写真1枚で全然変わるのにな」と、残念な気持ちになる。それと同時に、「プレゼンターの熱意も、その程度のものなのだろう」と思わざるを得ない。

お金をケチらず、いい写真・イラストを使え

肝心なところでお金なんかケチるな、と声を大にして言いたい。スライドにはいい写真やイラストを使おう。写真やイラストの1枚の値段なんて、プレゼンを成功させ、ゲットしたいものを手に入れられることの価値に比べたら、微々たるものだろう。

プレゼンに限らず、僕はこれまでも「お金はコスパを考えて使おう」と繰り返し言ってきた。お金なんてただの紙切れ。うまく使い倒してその恩恵にあずかればいい。

たとえば、通勤ラッシュでの肉体的・精神的ストレスは、仕事の生産性に悪影響を及ぼすといわれている。朝早くから満員電車に揺られて、仕事で最大限のパフォーマンスを発揮できるはずがない。家賃が高くても仕事場の近くに住み、いい仕事をして結果を出したほうがずっとコスパがいいとは思わないだろうか？

また僕は基本的に、移動にはタクシーや車を使う。誰にも邪魔されず、車内でサクサク仕事できるのですごく効率がいい。「コスパ」を考えて行動しないともったいない。

写真・イラストで引きつけるべし！

写真1枚で雰囲気がガラリと変わる！

フリー素材

ランナーを撮っただけの、工夫がない記録写真。爽快なランニングイメージが感じられない

フリー写真

有料フォト素材

蹴り上げた砂や束ねた髪の動きでランナーの躍動感が表現され、光の向きも計算されている

例）「Adobe Stock」の有料写真

いい写真は聴衆の興味を引き、内容に関心を集める

食材の魅力を伝えるスライドでは「おいしそう」と思わせよう

フリー素材

チープな模型では料理のイメージがつかみにくい

有料素材

熱々のカニ鍋。太いカニ脚がいかにもおいしそうだ

食材写真は、見た目もよくおいしそうなものがマスト！

第3章

05

スライドだって、シンプルイズベスト

情報を厳選し、シンプルにすることで一つひとつの情報が聴衆の記憶に残りやすくなる

スライドを見せる「目的」をはっきり持つこと

スライドで一番伝えたいことは何か？　スライドをつくるときには常にこの点を意識しよう。

初心者に限って、色や飾りをたくさんつけたり、変わったフォントを使おうとするのだが、「あれもこれもと欲張らない、盛らない」ことはとても大事だ。

文字や写真、色などがゴチャゴチャしていると、要点が伝わりにくいだけでなく、見ている側にとってはストレスになることもある。

人間の脳は、本人の意思とは関係なく、目の前に何か出されれば「これはなんだろう？」と解析しようとするからだ。だから、複数のインプットが同時にあると脳には大きな負担がかかってしまう。

したがって、ゴチャゴチャしたスライドを繰り返し見せられると、聴衆は疲れ、その理解力は鈍っていく。つまり、集中力が切れてしまうのだ。

スライドはシンプルが一番

色は統一されているほうが、読みやすいしスタイリッシュだ。

スライドの枚数が多すぎるのもNG。そもそも、限られた時間内に全部紹介しきれない。しかも、枚数が多くなればなるほど印象に残らなくなる。

結果として、情報を大量に詰め込み、飾りをたくさん入れたスライドは、どんなに頑張ってつくったものであっても、あなたのプレゼンの「邪魔」をする可能性が高いのだ。

スライドはシンプルにする

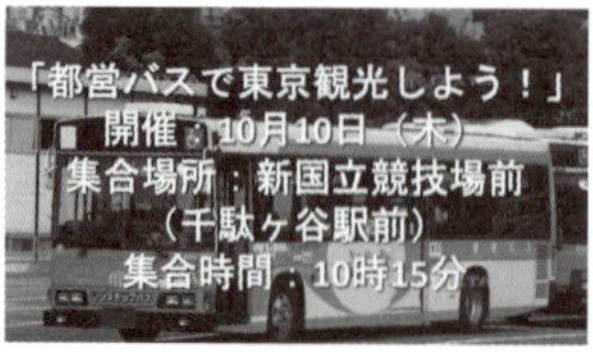

上は、写真と情報を1枚に収めようとして、パッと見て情報がわかりにくい例。右のように情報ごとに分けシンプルにしたほうが見やすく、理解しやすい

写真を邪魔しないように文字情報は別スライドにまとめる

スライドは聴衆の心を動かすためのもの

「とにかく情報を詰め込みました！」的な、残念なスライドはすごく多い。当然ながら、聴衆はプレゼンターの話はそっちのけで、情報を読むことに集中してしまう。

そんな退屈で無意味なプレゼンにしないためも、スライドは効果的なものにして、パッパとテンポよく見せていくべきだ。

そのときに大切なのは、スライドにこだわり何時間もかけてデザインする暇があったら、伝えたいことをもっともシンプルな形で伝え、聴衆の心を動かすためにどんな工夫ができるのかという点について知恵を絞るべきということだ。

プレゼンの主役はあくまでも中身であって、スライドは伝えるためのツールにすぎない。読み方が難しい漢字、専門用語の補足や、言葉で伝えにくい情報を伝えるために利用するもの、ぐらいに割り切って考えるといいだろう。

第3章

06

苦手ならデザインに凝るな

写真や言葉などをシンプルにして
複雑なレイアウトを避ける。
デザインしないことも一つの手だ

得意な人にアウトソージング

カッコよく、視覚的に聴衆の心に訴えかけるようなデザインができるなら、それに越したことはない。しかし素人がプロのようなデザインをしようとしても無理だ。

デザインが苦手な人は、わざわざ勉強する必要なんてない。苦手な人がデザインするということは、自らマイナス要素をつくり出すことと同じだからだ。

それではどうすればいいのかというと、1枚のスライドに配置する写真や言葉などを極力シンプルにして、複雑なレイアウトを避けることを心がければいい。つまり、デザイン要素をなくし、デザインをすること自体をやめてしまうのだ。

どうしてもこだわりたいのなら得意な人やプロのデザイナーに任せる。つまりアウトソーシングすればいいだけのこと。できないことに時間をかけてはいけない。

プレゼンのスライドは芸術作品ではない。デザインをこねくりまわす暇があったら、プレゼンの場数を踏んだり、事業そのものの魅力を磨いたりするべきだ。

第3章

07

いいものは大いにパクれ

「まねて、改良を加える」。

人類はそうやって進歩を遂げてきたんだ

「パクリ」は恥ずかしいことではない

いいスライドを見たら、お手本にしよう。レイアウトはそのままに、テキストや写真を変えるだけですごくいいものが出来上がってしまったりする。「パクる」というと聞こえが悪いかもしれないが、「まねて、改良を加える」のは恥ずかしいことでもなんでもない。人類はそうやって進歩を遂げてきた。

一方で「オリジナル」にこだわっている頭の固い人ほど、いつまで経ってもアイデアを実現できなかったり結果を出せなかったりする。

僕は、情報は隠さずすべてオープンソースにする、そしてみんなでアップデートしていくのがベストだと考えている。HIUでもメンバー間のやりとりは原則としてネット上のスレッドなどですべて共有するようにしている。新規メンバーが加入しても、リーダー格のメンバーが抜けても、共有された情報が残っていればいくらでもフォローアップが可能だ。これはとても合理的なやり方だと思う。

Column 03

ホリエモンの熱血コーチング Part1

悩める人々の質問に答えてきたホリエモンの金言を厳選。解決のためのヒントがきっと見つかるはず！

プレゼンが壊滅的です……

まずは基礎を固めることが大事！

この本の巻末（p140）にテンプレートを掲載したので、まずこれを参考にプレゼンの骨子を組み立ててみたらどうだろうか？　HIU 内には「プレタツ」（p34）という、プレゼンを勉強できるグループもある。プレゼン能力が相当上がるのでおすすめだ。

「経験ゼロ」だから不安です

「言い訳ばっかりする」のは
ダメなヤツの典型

目標の具体性が上がれば上がるほど、達成できなかったときに誰にも言い訳できなくなる。ウダウダと言い訳して自分に保険をかけるのはやめたほうがいい。まずは行動！

自分が何をしたいのか、
よくわかりません……

目標の具体性を上げろ

目的もなく、ふわっとしたよくわからない行動を取ってしまう人って、失敗しても大丈夫なように逃げ道をつくっているだけだと思う。そういう人に限って、結局何一つ結果を出すことができないものだ。目的のない行動はとるな！

忙しく、仕事が滞留しがちです

俺がLINEして、一番早く返ってくるのは秋元康さん

誰よりもレスが早いのは、誰よりも忙しくしている秋元さん。相当な早さだ。仕事をたくさんこなす秘訣はとにかくすぐリアクションすること。できる人ほど、すぐに周りに「パス」して自分は「ボール」を持たない。すべてルーティン化して、自分にタスクを残さない。

誰も手を出したことのない
ジャンルは、狙い目ですか？

ある程度、仲間がいる
ジャンルのほうがやりやすいよ。
先駆者のノウハウもパクれるし

ショートカットで結果を出したいのなら、先駆者にならないほうがいい。先駆者を理解してくれる人は、すごく少ない。だから人気が出ない。本もそうだし、ユーチューバーだってそう。

バカにされたり、
炎上するのが怖いんです

「今」を生き、毎日忙しく
していると、周りの目なんて
気にならなくなる

暇なときほど、他人の評価が気になってしまうもの。好きなことでメチャクチャ忙しくしていると、それどころじゃなくなる。好きなことを全部やればいい。

第4章

実践編

聴衆の心をガッチリつかめ

第4章

聞いてもらうための工夫をする

打率が低くても、とにかく打席に立つことが大事！

どうすればいい？

- とにかく「やってみる」
- 数をこなせば自信もつく
- ファンになってもらうことを意識する

本当のコミュニケーションスキルとは

どんなにプレゼンの構成がよく、カッコよくわかりやすいスライドを用意したとしても、相手に耳を傾けてもらえなければ意味がない。プレゼンを実践するときに重要なのは「伝える力」だろう。

本当の意味でコミュニケーションが上手な人というのは、自分だけがペラペラと話しをするのでなく、相手からもたくさん話しかけられている。話しかけたくなるのは、「もっとこの人と話してみたいな」と思うからこそだ。

何度も繰り返すが、プレゼンもコミュニケーション手段の一つ。個人的な会話だったら、たとえその話がものすごくつまらなかったとしても、相手はとりあえず聞いてくれるし、反応もしてくれる。しかしプレゼンの聴衆ともなればそうはいかない。いかにして相手に伝え、聞いてもらって、リアクションをゲットできるかが勝負の鍵だ。この章ではそのために工夫できることを一つずつ見ていこう。

第4章

01

自意識過剰というムダ

あなたの失敗なんて誰も気にしていない。
一歩前へ踏み出し、結果を残そう

プレゼンの「恥はかき捨て」

もし、あなたが大事なプレゼンを直前に控え緊張しているのだとしたら、これだけは伝えておきたい。「自意識過剰はムダだ」。

僕らは「自分は見られている」と思いがちだが、誰も他人のことなんて気にしちゃいない。たとえミスして笑われたとしても、そんなのその場限りのことだし、反応してもらえるのは無視されることよりもずっといい。改善策なんていくらでも練ることができる。

結果を残すことができるのは行動した人だけだ。勇気を持って一歩前へ踏み出そう。

自意識過剰はプレゼンには無用の長物

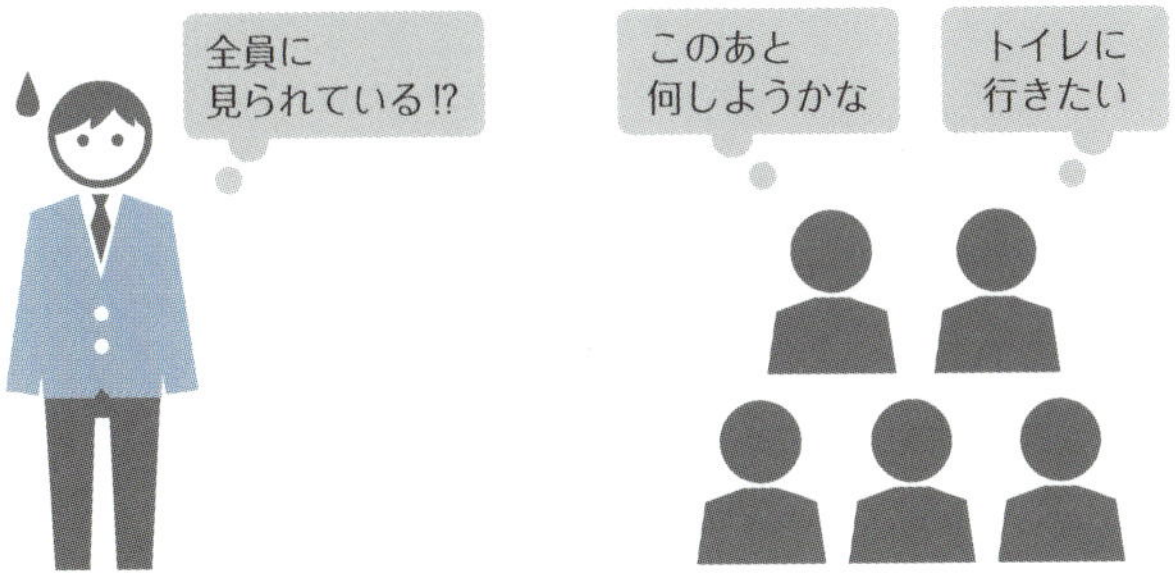

プレゼンター

聴衆の前に立つと全員に見られていると感じてしまう

聴衆

全員がプレゼンターに注目しているわけではない

顔を向けていても、聴衆は意外に注目してくれていない！

第4章

02

場数×叱責から学べ

叱責＝アドバイスと考えよう。ほめられるより、ダメ出しのほうが自分のためになる

大事なのは「まずやってみる！」というスタンス

プレゼンでは事前準備やシミュレーションに時間をかけすぎず「まずやってみる」ことが大切だ。たとえ失敗して恥をかいても、アドバイスは「もらったもん勝ち」。ダメな点、改善できる点を指摘してもらうことは、のちにものすごいプラスになる。

ＨＩＵのイベントなどでプレゼン予定のメンバーは、事前にＨＩＵのプレゼン勉強会「プレタツ」の講師陣からアドバイスを受ける仕組みになっていて、ほとんどのプレゼンターはダメ出しを受けまくる。しかし、ここで化ける人がいる。

彼らの特徴はウジウジ悩まず、まずやってみるという意志があること。また、受け身の姿勢でないこと。ダメ出しと誠実に向き合い、そこから学ぶことのできる人には伸びしろがある。失敗しない方法を探すより、行動しながら修正・改善していくことが大事なのだ。

第4章

03

〝人は見た目が9割〟

「人の内面」は外見に現れる。見た目に気を使えない時点で「デキないヤツ」認定される時代なのだ

「身だしなみ」で損をするな

身も蓋もないことではあるが、あえて言おう。見た目は普通に大事だ。美醜について言いたいのではなく、誰も不潔な人とは付き合いたくないという話だ。

清潔感のない人間はどうして嫌われるのか。それは「やろうと思えばいくらでも標準レベルにできるはずのことをやっていないから」だ。

そこからはズボラさ、自分のリアルな姿に気づいていない鈍感さ、口臭や体臭などで他人に迷惑をかけることを気にしない無神経さなどの「内面」が浮かび上がる。

したがって、見た目がだらしない人間は信用を得ることができない。僕も同感だ。「大事なのは内面」とよく言うが、「内面は外見に現れる」というのが僕の持論だ。

最近はとくに、ケアをしている人としていない人の差が目立つようになってきている。すぐに変えられる「身だしなみ」で損するなんて、もったいなさすぎる。

「剛毛」の職人が握る寿司を食べたいか？

とある寿司屋のカウンターでのこと。キビキビと寿司を握ってくれる大将の手元を何気なく眺めると、指の毛が生えていた。しかも、とんでもない剛毛だった。ちょっと申し訳ないが、それを見て僕は少し食欲がなくなった。

今の時代、ムダ毛のケアなんて簡単にできる。「せっかくおいしい寿司を握る腕があるんだから、もう少し見た目にも気を配ればいいのに」と残念な気持ちにもなった。

これは料理人に限った話ではない。誰にだって当てはまることだ。僕は最低限のポイントとして、「相手に不快感を与えないこと」を意識し、身だしなみを整えている。

ヒゲ以外の全身の毛は脱毛して、体臭（オヤジ臭）対策としてデオドラントや香水を使い、口臭対策として口腔ケア（フロス、マウスウォッシュなど）で歯周病を予防。あまり関心がないファッションについては、センスのいい知り合いにトータルコーディネートしてもらっているので、服選びに悩むこともない。

身だしなみは最低限のマナー

相手に不快感を与えないことが大事

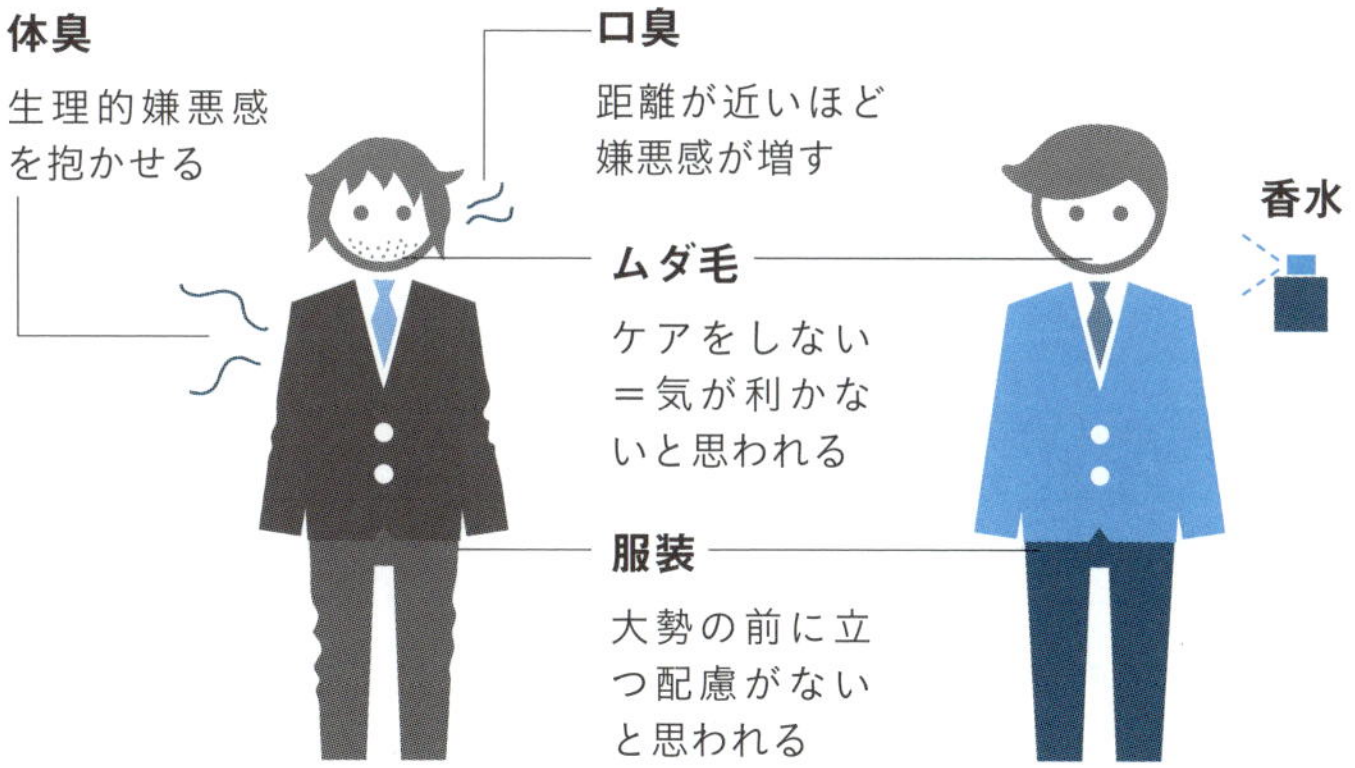

見た目で印象は180度変わる！

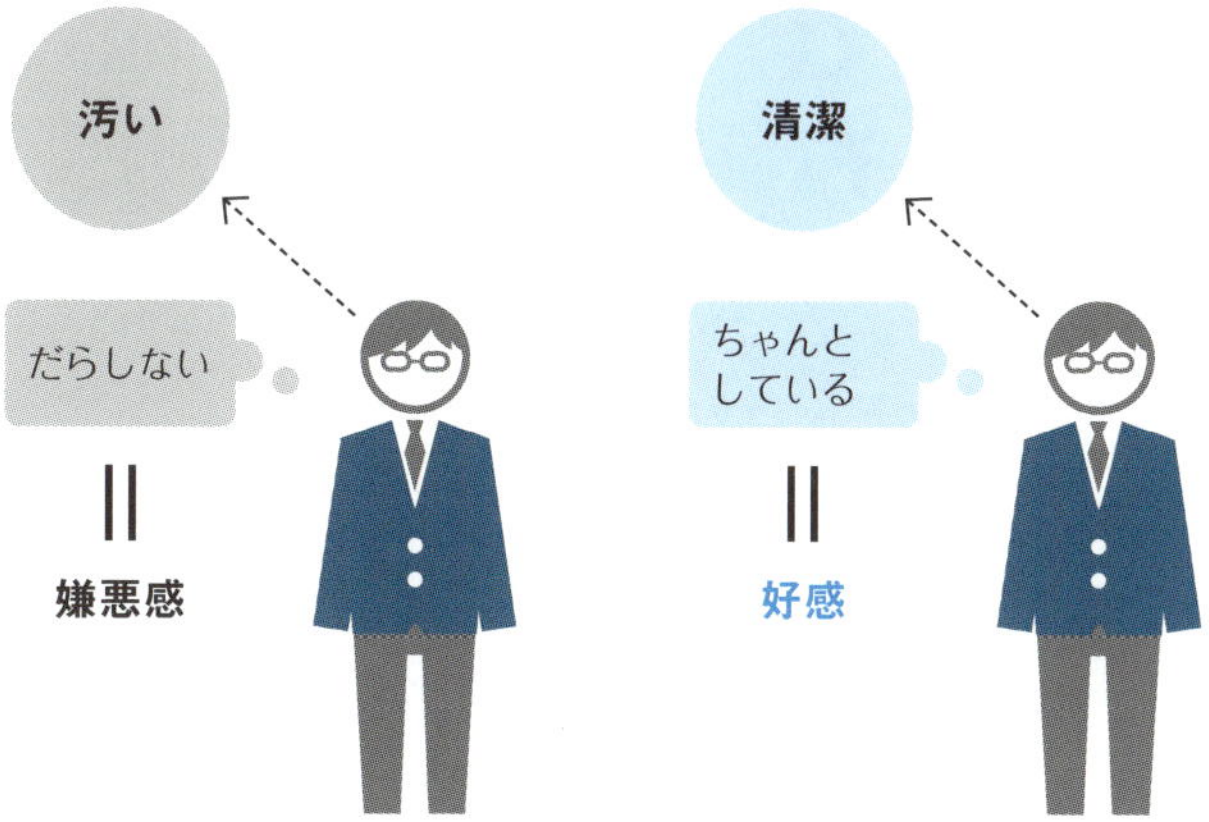

見た目を正すだけで好感度がアップする！

第4章

04

「自分の言葉」で話せ

理想的なのは
相手が100人でも1人でも
「1対1の会話」のようなプレゼン

「この人ともっと話したい」と思わせるためには

プレゼンでどんなふうに話せばいいか悩み、原稿を準備する人も多い。何度も書いたが、それを読み上げるだけのプレゼンは論外だし、仮に丸暗記してきたとしても、「読んでいる感」が出てしまうのは必至。緊張やハプニングが原因で、ぎこちない話し方になってしまう人もいる。その必死な姿を見ていると、「真面目なんだろうな」と思うし、同情したくもなる。

しかし、「原稿ダダ読み感」のあるプレゼンは、どんなふうに相手の目に映るだろうか？　記憶の中にある原稿を〝読む〟のに必死な姿を見せられたら、「こちらの反応なんてどうでもいいんだな」と、聴衆の心は離れていってしまうだろう。

理想とすべきは、相手が１人だろうと１００人だろうと、１対１の会話をしているかのように自分の言葉を届けるプレゼンだ。目の前にいる人に、「話をもっと聞きたい」と思ってもらえた時点で、本当の意味でのプレゼンがスタートするのだ。

第4章

05

大事なのは好きになってもらうこと

人って案外、「好き嫌い」で相手の話を聞くかどうかを決めていたりする

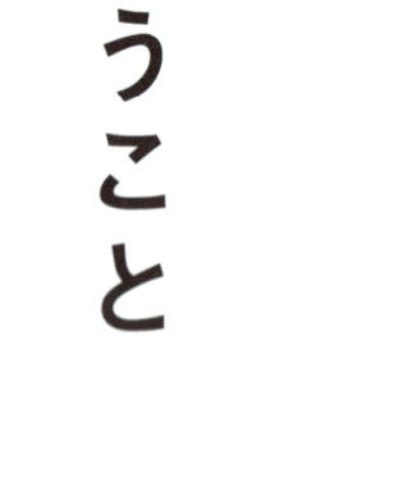

聴衆を自分のファンにしろ

人間の記憶は徐々に薄れていくものだ。あなたのちっぽけなミスなんて3日もすれば誰もが忘れてしまう。それと同じように、あなたのプレゼンの内容だって、たちまち忘れ去られてしまう。しかし人間というのは、細かい内容は覚えていない一方で、好悪の感情だけはしっかり記憶していたりするものだ。

ちょっとシビアな話をすると、世の中の多くの人は「なんとなく好き」「なんとなく嫌い」という感情に左右されて、相手の話を聞くか聞かないかを決めていたりするものだ。面白いことに、「なんとなく嫌い」な人の話には耳を傾けないが、「すごく嫌い」な人の言動は気になってチェックしてしまうこともあるという。

断言できるのは、すべての人に好かれる人などいないということ。だからこそ、あなた自身のキャラクターをどんどん全面に出してアピールしたらいい。「なんだか感じのいい人だったな」。そんなふうに思ってもらえたらチャンスなのだ。

熱意とキャラクターは「伝われば勝ち」

この本の冒頭でも書いたように、世界中の人に絶賛されたジョブズのプレゼンをいきなり「完コピ」しようとするのはハードルが高すぎる。そこで、プレゼン上手な人に共通することを意識的にやってみたらどうだろうか？　成功するプレゼンのノウハウを抽出するとしたら、たぶん僕が考えることとそう変わりはしないだろう。

そのポイントとは、自信たっぷりの口調、明るい表情、聴衆とのアイコンタクト、ボディランゲージ、熱意やあなた自身のキャラクターを伝える、といったところだ。

オドオドした話し方、暗い表情でプレゼンすることは論外だとして、アイコンタクトとボディランゲージについては、ぜひとも意識してほしいポイントだ。これらは時に、言葉以上に雄弁に語るからだ。視線が一点に集中していたり、棒立ちだったりすると、聴衆が置き去りにされたと感じてしまうのでNG。熱意とキャラクターは、どんなやり方でアピールしてもかまわない。「伝われば勝ち」だ。

聴衆をファンにするには

アツく内容を伝える＝聴衆の心に響く

情熱的に語ることで相手に熱意を伝えられる

情熱＝本気度が伝わり期待感を抱かせる

「あなた」に話しているようにアイコンタクト

たくさんいても一人ひとりを見ながら話すようにする

アイコンタクト

目が合うと自分に話しかけているように感じる

好感度アップ！

NGなプレゼンターの態度とは

挙動不審

緊張からであっても信頼感が持てない

聴衆を見ない

他人事に感じて心に響かず興味を失う

直立不動

熱意・感情を感じられず関心がなくなる

聴衆に語りかけられるよう、経験を積むべし！

第4章

06

聴衆を巻き込め

プレゼンターと聴衆の間に横たわる
物理的・心理的な「溝」を
さまざまな手法で埋めていこう

参加型のプレゼンのメリット

プレゼンターと聴衆は、それぞれが壇上と観客席にいるという物理的な距離があるだけでなく、「話す側」「聞く側」であるという心理的な隔たりもある。その「溝」をどうやって埋めていくか？　聴衆を味方につけたいのなら、これを考えなくてはいけない。

散々言ってきたが、プレゼンは「ライブ」だ。せっかくお互いが時間を共有し、同じ空間にいるのだから、聴衆を巻き込まないともったいない。

サンプルを配布してさわり心地（＝触覚）やにおい（＝嗅覚）でアピールしたり、クイズ形式で２択の質問を投げかけ挙手させる、ピンポイントで誰かを指名して会話をしてみる、といった方法もある。参加型のプレゼンにはメリットがたくさんある。「一緒にプレゼンを進めている」と聴衆に感じてもらえれば、心理的にも距離感はグッと近くなる。一緒に何かをすることで親近感も生まれる。「一体感を覚えて楽しかった」と思ってもらえたとしたら、そのプレゼンは大成功だといえる。

第4章

07

押さえておきたいスキル集

プレゼンの基本的なスキルを知っているかどうかで結果は大きく違ってくる

実践するだけで印象が変わる

同じ内容のプレゼンをしたとしても、「スキル」によって結果が大きく左右されるのは言うまでもないことだ。すでに触れたポイントについて具体的に紹介しよう。

●姿勢……人前に立つことで筋肉が緊張し、普段よりも猫背になりがち。プレゼン前に軽くストレッチして血流を促し肩や背中のコリをほぐしておくといい。
●発音……意識的に口角を上げ、口をはっきり開けて話そう。声量にも注意。
●呼吸……緊張すると呼吸が浅くなり、プレゼン途中で息切れを起こす人もいる。ぜひ腹式呼吸を練習しておこう。ゆったりした気持ちで鼻から息を吸い込むといい。
●視線……人の目を見て話すのが苦手な人は、相手の鼻や口元を見て話してもＯＫ。
●間《ま》……重要な話をする前にあえてワンテンポの間を置くと、注目を集められる。

ここで挙げたのはほんの一例にすぎないが、きちんと実践すれば確実に印象が変わるので、ぜひとも意識的に取り入れてもらいたい。

第4章

08

事前シミュレーションはマスト

準備不足のせいで
相手の時間をムダにするのは
マナー違反！

プレゼン本番前には万全の準備を

第2章で触れたように、時間は有限なリソースだ。他人の貴重な時間をむやみに奪ってはいけない。というわけで時間厳守はマストだ。これはマナーである。

そのためにも、プレゼンの事前準備はしっかりやっておこう。接続コードがうまくつながらない、スライド送りがスムーズではない――。そんなトラブルはプレゼンの内容以前の問題だ。自分でも予備コードを用意しておく、スライドをPDFデータでも保存しておいて切り替えるなど、シミュレーションをサボらず、対策を練ろう。

苦労して用意したサンプルも、配るタイミングや配り方などの段取りが悪いとせっかくの流れが止まってしまい、聴衆をシラケさせてしまうだろう。

人間の集中力には限界がある。話し方、スライドの内容だけではなく、「凡ミス」で聴衆の興味が失われることもある。万全の準備と臨機応変な対応はすごく大事だ。

第4章

09

自信を持って話せ

自信を持てないのは単なる経験不足。
やってみるのか、やらないのか
人生は行動の積み重ねだ！

自信なんてあとからついてくる

プレゼンに臨むにあたって「自信」が大切なことは何度も伝えてきた。とはいえプレゼンに限らず、口下手だったり、アガリ症だったりと、人前で話すのが苦手な人は本当に多いと思う。

自信がなくてオドオドと「キョドって」いると、仮に素晴らしいプレゼン内容だったとしても説得力なんてありはしない。それは非常にもったいない。

僕だって東大に入ったときには、女の子と目を合わせるだけでドギマギしてしまい、会話なんか全然できないというヘタレぶりだった。中高6年間の男子校生活で、まったく女の子にモテず、女の子と話したことなんて全然ない――。そんな、圧倒的な「経験不足」による、「自信不足」が原因だった。

今となっては笑い話だが、「経験」がないことに「自信」を持てないのは当然だ。

裏を返せば、誰だって、どんなことだって、経験さえ積めば自信なんて簡単につく。

自信は成功体験の積み重ねで蓄積できる

僕が東大時代に得たものの一つに、コミュニケーションスキルがある。

大学時代、研究職を目指すことへの興味を失い麻雀に明け暮れていた僕を、友人がヒッチハイク旅行に誘ってくれた。「面白そう！」と飛びついたものの、始めのうちは、ヒッチハイクの交渉をするのにも心臓がバクバクした。ドライバーに声をかけるときの緊張感、そして成功したときの嬉しさは、非常にいい経験になった。

見ず知らずの人に「自分は怪しい人間ではない」ことをプレゼンし、「乗せてほしい」と誠心誠意お願いをする。そんな経験を積み重ねるうちに「日本全国どこにだって行ける」という自信がついたし、チャレンジすることが怖くなくなった。

じっと動かずにいたら何も経験できないし、前に進めない。やったことがないから、苦手だから、と尻込みしていたら、いつまで経っても自信なんてつかない。自信とは「やってみる」という選択をして、行動した結果に生まれるものなのだ。

自信とは何か？

不安に思うのは経験していないから

不安の原因

経験していないため過大評価して難易度が高く感じる

○○したら
どうしよう…

どうすればいいか
わからない

↓

不安を解消する方法

何度もチャレンジして、成功体験を積む

こうやると
成功するのか！

今度はこう
やってみよう！

↓

成功体験が自信につながる

成功体験を積むためには

一回失敗したから
もうやらない

↓

失敗もしないが
成功もしない

次は違ったやり方
でやってみよう

↓

成功するパターン
を見つける

成功のためにはさまざまなトライアンドエラーが必要！

Column 04

ホリエモンの熱血コーチング Part2

PART 1に続く、ホリエモンの熱血コーチング語録。背中を押してくれる言葉は覚えておいて損はなし！

一歩踏み出す勇気がない……

何が起こっても、なんとかなる！

「判官びいき」という言葉があるように、盛大に、派手に転んだ人は助けられる。僕たちは、お金がなくても事業が始められる「いい時代」を生きているというのに、みんな将来を不安がるから、不幸や不安を煽ったりするビジネスがうまくいってしまう。

伝えたいことが多すぎて、
考えがまとまりません

雑魚キャラであればあるほど、難しいことをしたがる

意味もなく難しいことをやろうとする人が多すぎる。簡単な方程式があるのにそれを使わず、ムチャクチャ難しい解き方をするのだ。単純化して物事をとらえ思考するのは、意外にテクニックのいること。頭が悪い人の話は総じて長い。

重宝されるのは、どんな人？

ゼロをイチにする「ボケ」

たとえば、ツイッターは壮大なボケ・ツッコミ装置。ボケられる（＝炎上ネタをぶち上げる）人は少ない。ユーザーの大半は「ボケ」に反応するだけの「ツッコミ」。だからこそボケられる人は「ゼロをイチにする」貴重な存在。SNSだけでなく、音楽・芸術業界でも実は同じことがいえる。

何をやっても、
周囲の反応が薄い気がします

僕は、みんなが欲しい「ホリエモン像」を意識している

「届けたい相手」を意識することはすごく大事。たとえば、メルマガや書籍、ホリエモンチャンネルなどで、自分が本当にやりたいことと、みんなが「ホリエモン」に求めるニーズはほとんど被っていない。でも被っているところが少しでもあると、それがすごくウケる。

知名度を上げるには？

人気者になりたかったら、面倒なことをやれ！

面倒なことはコスパがいい。なぜなら、みんながやらないから。みんなが嫌がること、怖がること、尻込みすることは競争相手が少ないのでチャンス。毎日ブログを書くのでもいい。ツイッターのリプライに全部返すのでもいい。すごく面倒くさいけど、慣れて習慣化すると途中から楽しくなってくる。毎日投稿を続けていると、たまにバズったりして「何がウケるのか」次第にわかるようになってくる。

他人と差別化するためのアイデアが出てきません

無理に差別化なんて目指さないで誰かの「まね」から始めてみれば？

何もないところから差別化なんて目指すのは無謀。まずは誰かの「完コピ」をしてみれば、自分に合わない部分が必ず出てくる。そこから新しいアイデアが生まれ、自然と差別化されていくはず。

終章

ゼロをイチにした その先にあるもの

「まだ見ぬ新しい景色」

僕は読者に「プレゼンだけ上手な人」になってほしくて本書を書いたわけではない。

この本の「はじめに」でも言及したように、プレゼンとは「伝える力」だ。いいプレゼンをして、相手の心を動かし行動してもらうことできれば、ゼロをイチに変えることができる。しかし、仮にビジネスを立ち上げるための出資金をゲットできたとしても、あなたの願いが叶うかどうかは、すべてその先の行動にかかっている。

プレゼンを成功させることはゴールではなく、スタートライン。

ゼロをイチにしたその先には、いったい何が待っているのだろう?

「まだ見ぬ新しい景色」を追い求め、ワクワクしながら行動し続けることで、あなたはきっとその答えを知ることができるはずだ。

ビビらず行動した『桃太郎』のおばあさん

簡単なたとえ話をしよう。誰もが知っている昔話『桃太郎』だ。

僕がスポットライトを当てたいのは、主人公の桃太郎ではなく、川で洗濯をしていたおばあさん。

川上からドンブラコと流れてきた桃を、おばあさんは迷いなく拾い上げ、家に持ち帰ってナタでパッカーンと割ってみる。

昔話の聞き手、子どもたちは素直である。「そんなことあってはならない」というタブーなどないから、違和感を持たずにこのストーリー展開を受け入れる。

しかし、よくよく考えてみれば、目玉が飛び出るほど大きい「オバケ桃」だ。ただでさえ、「コンプライアンス」「リスク」といったものが幅を利かせるこのご時世。そんな得体の知れないものが川上から流れてきたら、みんなビビってスルーするだろう。拾ったとしても、真っ二つに割ってみる勇気はなかなか出ないと思う。

ゼロをイチに変えてきた、僕の経験

「流れてきた桃を拾い上げ、持ち帰って割ってみるかどうか」――。

迷い戸惑っているうちに、あなたは大きなチャンスをとり逃しているのではないだろうか？


「自分が心からやりたいと思えることが見つかりません」。

これはメルマガやリアルな場で、僕が聞かれまくる質問のほんの一例だ。


そんなの僕自身、ずっとわからなかった。

僕は、福岡県の八女市という小さな田舎町で生まれ、少年時代を過ごしたが、親や教師ら周囲の大人たちが押しつけてくる価値観に納得がいかず、この故郷の外に広がる、もっと大きな世界に出て行きたかった。

だからこそ、何かチャンスらしきものがあると夢中で飛びついた。

僕は「桃」をキャッチし続けてきた

チャンスといっても、両親を説得し、小学4年生で久留米市にある進学塾に通わせてもらったこと。中学時代に新聞配達のアルバイトをしてお金を貯め、本格派パソコンをゲットしたこと。今となってはどれも些細なことばかりだ。

東大を目指したのも、故郷から「脱出」し、新しい世界を見てみたい一心からだった。大人になってようやく、自分は「知的好奇心が旺盛な人間だったのだ」という定義づけができるようになったが、当時の僕はなんだかよくわからない違和感から逃れるために必死だった。

しかし、**ワケがわからないながらも、僕は「ドンブラコと流れてきた桃」をキャッチし続けてきたのだ。**

東大在学中に出会い、没頭したITビジネスも、当時のほとんどの人にとっては「川上からドンブラコと流れてきた桃」だったのだと思う。

「面白いもの」が飛び出してくるかもしれない！

誰もがその存在に気づいてはいたものの、当時、ほとんどの人はＩＴビジネスになんて手を出さなかった。怖かったのだろう。

「インターネットは世界を変える！」と、その無限の可能性にワクワクし、会社や学校をやめてまでフルコミットした人はごく少数だった。だからこそ当時、ＩＴ業界の現場にいた人たちはものすごく面白かったのだ。

そこには僕の居場所があったし、仲間もいた。

僕は偶然の出会いをすべてキャッチし続けて、ようやくスタートラインに立つことができたのだ。

「すべての桃をキャッチしよう」。

あとがきにかえて、僕はこのように言いたい。

パッカーンと割ってみた桃の中身は腐っているかもしれないし、中から桃太郎は出てこないかもしれない。

それでもたまに、「とんでもなく面白いもの」が飛び出してくる可能性はゼロではないのだ。


本書を最後まで読んでくれたみんなは、プレゼンを通して思いを「伝える力」を身につけているはずだ。

だからこそ、これからも行動し続けよう。

ゼロをイチにしたその先に広がる、「まだ見ぬ新しい景色」に思いを馳せよう。

行動しなければ、それが本当に面白いかどうかなんてわからないのだから。

２０１９年10月　堀江貴文

巻末特典

「テンプレタツ！」

プレゼン初心者の諸君は、この「テンプレート」を骨子にして内容を組み立ててみよう。シンプルではあるが超重要ポイントだけをまとめたので、これを活用して「プレタツ（プレゼンの達人）」を目指してほしい

オープニング

はじめまして、**（組織）（役職）の（名前）**❶です。

私は**（商品名）という（商品の要約）**❷、いわゆる**（相手にとってのメリット）OR（デメリット消失）**❸を 提供しています。

今日は**（あなたのアクション）**❹が欲しくてここへ来ました。

この**（商品の性質）**❺によって あなたは**（未来の変化）（実感する期間）**❻が可能になります。

ボディ

なぜ それが可能になるかというと**（理由）**❼だからです。

1**（証拠）**❽ということがわかっています。
2**（証拠）**❽ということがわかっています。
3**（証拠）**❽ということがわかっています。

市場規模❾はこのくらいで、このプロジェクトで**（これだけの利益）**❿が出ます。

クロージング

今日は**（簡単なプロジェクトのまとめ）**⓫について話しました。
（あなたのアクション）⓬を期待しています。

あなたの**（未来の変化）**⓭こそ、私にお手伝いできる使命だと思っています。

1 **自己紹介**　自己紹介はマスト！ 所属組織名が長かったり、氏名が難漢字だったりする人はスライドで補ってもいいだろう。第一印象は大事なので、明るく笑顔で！

2 **商品名・商品の要約**　ここでは簡潔に紹介するにとどめ、「商品のセールスポイント」については❺で掘り下げよう

3 **相手にとってのメリット／デメリット消失の提供**　プレゼン相手にとって、どんなプラスがあるのか？ 提示しよう

4 **欲しいアクション**　プレゼン相手に何をしてほしいのか、はっきりさせよう（「投資をしてほしい？」「仲間になってほしい？」「助言が欲しい？」etc.）

5 **商品の性質**　「商品のセールスポイント」のアピールタイム

6 **期待できる未来の変化・実感する期間**　❹をしてもらうことによって、相手に「いつ」、「どのような」メリットが生じるのか、具体的に言おう

7 **❻の理由**　❻の理由を説明しよう

8 **❼の根拠の提示**　数字など、できるだけ具体的なエビデンスを示そう。ダラダラ長いと相手の理解も追いつかなくなるので、最大3つくらいに絞ったほうがいい

9 参照データは信頼できる調査機関から引用しよう。e-Stat（政府統計の総合窓口）なども役に立つはずだ

10 **利益の提示**　なぜ、そういった利益が見込まれるのか？ 具体的な根拠を示そう

11 **まとめ**　プロジェクトの内容を簡潔にまとめ、印象づけよう

12 **まとめ**　念押しその1。❹を改めてアピール。熱意も伝えよう！

13 **まとめ**　念押しその2。❻を改めてアピール。くどいようだが熱意はすごく大事！

PROFILE

堀江貴文

TAKAFUMI HORIE

1972年、福岡県八女市生まれ。実業家。SNS media & consulting株式会社ファウンダー。現在は宇宙ロケット開発やスマホアプリのプロデュースなど、幅広く活動を展開。有料メールマガジン「堀江貴文のブログでは言えない話」の読者は2万人を超え、2014年には会員制のオンラインサロン「堀江貴文イノベーション大学校(HIU)」を設立。近著に『多動力』(幻冬舎)、『10年後の仕事図鑑』(SBクリエイティブ／落合陽一氏との共著)、『バカとつき合うな』(徳間書店／西野亮廣氏との共著)、『疑う力』(宝島社)など多数。

BOOK STAFF

編集協力　HIU「プレタツ」本編集委員会

梅田玄貴、後未央、杉山有子、鈴木貴子、

蒔苗太一、松尾典和、村田理世

「プレタツ」講師

古賀大喜、鯉渕幸生

Special Thanks　木澤紀子、伊東玲花

編集　木村伸二、千田新之助（G.B.）

執筆協力　村沢譲

カバー・表紙・帯デザイン　渡邊民人（TYPEFACE）

DTP　inkarocks

本文写真　Adobe Stock、PIXTA

堀江貴文の
ゼロをイチにするすごいプレゼン

2019年10月11日　第1刷発行
2023年12月21日　第3刷発行

著者　堀江貴文
発行人　蓮見清一
発行所　株式会社宝島社
〒102-8388
東京都千代田区一番町25番地
営業：03-3234-4621
編集：03-3239-0927
https://tkj.jp
印刷・製本　サンケイ総合印刷株式会社

Printed in Japan
ISBN978-4-8002-9838-6